Conversational Italian Dialogues

For Beginners and Intermediate Students

100 Italian Conversations and Short Stories

Conversational Italian Language Learning Books - Book 1

Chapters

Introduction

Practical books for learning a language are not easy to find. Many students suffer unrealistic learning conditions that take too long to show any practical results. It is all too easy to get frustrated or even to give up on studying and future plans. However, there are better and more practical ways to learn a language quickly. If you can master simple Italian conversations and if you can have fun learning the language you are almost there. Once you have learned the language to a certain level, you have made a huge personal step in you life, and nobody can take that away from you. This book will help you achieve this.

This book provides you with helpful and practical language learning book and lets you encounter useful and engaging dialogues like you might quite likely experience in real life situations when traveling in France. These conversations give you the right expressions to use for just about any likely scenario. This book contains a selection of 100 short stories for beginners with a wide range of genres, all prepared specifically for Italian language learners. With it you can practice your newly-acquired conversational skills through the use of over a hundred conversational short stories and examples of typical conversations. The book is structured so that each story offers a new easy-to-follow conversation.

The content is intended mainly for elementary to intermediate level learners, but it will also be useful for more advanced learners as a way of practicing their reading skills and comprehension of the Italian language. The stories have been arranged according to their degree of difficulty and each story is accompanied by a key vocabulary section

Using this book effectively

To learn Italian effectively you just read each Italian story, one at a time and then study the dialogue after you've read the story.

This book is divided into three parts, the first for beginners and the second for intermediate students.The first 40 stories are for beginners and the dialogues are followed by an English translation and learning questions. Vocabulary will be introduced to you at a reasonable pace, so you're not overwhelmed with difficult words all at once. Here, you won't have to look up every other word, but you can simply enjoy the story and absorb new expressions simply by reading and, when in doubt, you can check the important words from the vocabulary section or compare the dialogue with the English translation.

In the second part, the short stories tend to be slightly more advanced, and more Italian vocabulary is used in the conversations. But throughout, the Italian dialogue is easy-to-understand and uses vocabulary that both, those at the beginner and intermediate levels can understand, appreciate, and learn from.

Dialogue Short Stories for Beginners

1. Buying a flight ticket
Acquistare un biglietto aereo

Today, I have to buy a plane ticket. I saw an interesting offer on the Internet, but I prefer to buy my ticket directly at the airline's office. I want to know all the details of the flight.
Oggi devo acquistare un biglietto aereo. Ho visto un'offerta interessante su internet, ma preferisco comprare il mio biglietto direttamente presso l'ufficio della compagnia aerea perchè voglio sapere tutti i dettagli del volo.

Me: "Good morning, I'd like to buy a flight ticket to Paris."
Io: "Buongiorno, vorrei acquistare un biglietto aereo per Parigi".

The travel agent: "Certainly, when would you like to fly?"
Agente di viaggi: "Certo, quando vorrebbe partire?"

Me. "Tomorrow morning, the first flight available."
Io: "Domattina, con il primo volo disponibile".

The travel agent: "I have an offer for tomorrow at eight, but with a stopover."
Agente di viaggi: "C'è una buona offerta per domattina alle otto, ma prevede uno scalo".

Me:"I'd like to fly direct, please,"
Io: "Vorrei prendere un volo diretto per favore".

The travel agent: "When would you like to return?"
Agente di viaggi: "Quando vorrebbe tornare?"

Me: "I'd need a departure and return flight. I have to be back by Monday."
Io: "Ho bisogno di un biglietto di andata e ritorno. Devo tornare entro lunedì".

The travel agent:"Would you like to travel coach class?"
Agente di viaggi: "Vuole viaggiare in seconda classe?"

Me: "The cheapest ticket. For me it's important that the ticket is flexible."
Io: "Vorrei il biglietto più economico, l'importante è che sia flessibile".

The travel agent: "That's three hundred euros. Would you like to pay cash or by card?"
Agente di viaggi: "Sono trecento euro. Vuole pagare in contanti o con carta di credito?"

Me: "Do you accept Mastercard?"
Io: "Accettate carte Mastercard?"

The travel agent: "Of course."
Agente di viaggi: "Certo".

Learning Questions

When do I have to travel?
Quando devo viaggiare?

When do I have to be back?
Quando devo tornare?

What else is important to me?
Cos'altro è importante per me?

2. Shopping at the mall
Fare compere al centro commerciale

My husband and I are on vacation. Today we want to go shopping. Next to our hotel is a shopping center. First, we would like to buy clothes.
Io e mio marito siamo in vacanza e oggi vogliamo andare a fare compere. Vicino al nostro albergo c'è un centro commerciale. Vorremmo prima acquistare dei vestiti.

Maria : "Look Antonio, they also have hats."
Maria: "Guarda Antonio, hanno anche dei cappelli".

Antonio : "I could use a hat well, let's go into the shop."
Antonio: "Mi potrebbe star bene un cappello, entriamo nel negozio".

Maria : "Good morning, we are interested in the hat. How much is the black one?"
Maria: "Buongiorno, siamo interessati ad un cappello. Quanto costa quello nero?"

Antonio : "This one is on promotion, it costs fifty euros."
Antonio: "Questo qui è in offerta, costa cinquanta euro".

Maria : "Is this fashionable in Italy?"
Maria: "Questo va di moda in Italia?"

The sales person :"This is a classic hat. You can always

wear it."
Commesso: "È un cappello classico. Si può indossare sempre".

Antonio : "Do you have this hat in white?"
Antonio: "Avete questo cappello anche nel colore bianco?"

The salesperson: "No, it comes only in this color. The hat is made of leather."
Commesso: "No, esiste solo in questo colore. Il cappello è di pelle".

Maria : "You should buy it. Afterwards we buy a dress and for me a pair of shoes."
Maria: "Dovresti comprarlo. Poi compreremo un vestito per me ed un paio di scarpe".

Antonio : "Alright. I'd like to buy the hat."
Antonio: "Va bene. Vorrei comprare il cappello".

The salesperson : "Excellent. The cash register is over there."
Commesso: "Eccellente. La cassa è laggiù".

Learning Questions

What kind of hat likes Antonio to buy?
Che tipo di cappello vuole comprare Antonio?

What would Maria buy?
Cosa vuole comprare Maria?

What material is the hat made of?
Di quale materiale è fatto il cappello?

3. **At the police station**
Alla stazione di polizia

Yesterday my passport and my money were stolen. I am at the police station.
Ieri sono stato derubato dei miei soldi e del passaporto. Sono alla stazione di polizia.

"Good morning, I'd like to file a lost report."
"Buongiorno. Vorrei fare una denuncia di smarrimento".

"What did you lose?"
"Che cosa ha smarrito?"

"My passport and money. It was about two hundred euros."
"Il mio passaporto e i miei soldi. Circa duecento euro".

"Did you lose your things or was it stolen?"
"Ha perso le sue cose o sono state rubate?"

"I think it was stolen."
"Penso siano state rubate".

"Why do you think that?"
"Perchè lo pensa?"

"Yesterday morning my things were still in the bag."
"Ieri mattina le mie cose erano ancora nella borsa".

"Where were your things stolen?"
"Dove sono state rubate?"

"In a hostel, somebody stole the things out of my bag."
"In un ostello, qualcuno le ha rubate dalla mia borsa".

"When was that?"
"Quando è successo?"

"Yesterday night at around ten o'clock. I came back late to the hostel. When I came back all my things were gone."
"Ieri sera intorno alle dieci. Sono tornato tardi in ostello e quando sono arrivato tutte le mie cose non c'erano più".

Learning Questions

Why did I have to go to the police station?
Perchè sono dovuto andare alla stazione di polizia?

What was stolen?
Cosa è stato rubato?

When were the things stolen?
Quando sono state rubate le cose?

4. **At the pharmacy**
In farmacia

I go to the pharmacy because I need medication.
Vado in farmacia perchè ho bisogno di medicinali.

"Good evening. I have strong stomach ache. Do you have painkillers?"
"Buonasera. Ho un forte mal di stomaco. Avete antidolorifici?"

"What kind of pain do you have?"
"Che tipo di dolore ha?"

"It feels like a burning."
"Sembra un bruciore".

"Then I would not recommend something against pain, that can make it worse."
"Allora non le consiglio qualcosa contro il dolore, potrebbe peggiorare la situazione".

"What can I do?"
"Cosa posso fare?"

"Take medication against an ulcer. Besides you must not eat. Keep a strict diet."
"Prenda un medicinale contro l'ulcera. Inoltre non deve mangiare, segua una dieta severa".

"Alright. Also I have an inflation in my foot."
"D'accordo. Ho anche un gonfiore al piede".

"You allow me to see it? Your foot is swollen!"
"Posso vederlo? Il suo piede è gonfio!"

"I cannot move my foot."
"Non riesco a muoverlo".

"I give you a medication against gout. Tomorrow you have to see a doctor."
"Le do un medicinale per la gotta. Ma domani deve andare da un dottore".

"That's exactly what I am going to do."
"È esattamente quello che farò".

Learning questions

What do I ask the pharmacist?
Cosa chiedo al farmacista?

What is wrong with my foot?
Cosa c'è che non va nel mio piede?

What is the pharmacist advising me?
Cosa mi consiglia il farmacista?

5. **A happy marriage**
Un matrimonio felice

My husband is very romantic and takes good care of me. Despite everything we have our differences. My husband loves sports and regularly goes to the gym. Me, on the contrary, I like getting up late and watching TV.

Mio marito è molto romantico e ama prendersi cura di me. Nonostante tutto siamo diversi: lui ama lo sport e va regolarmente in palestra, mentre a me piace alzarmi tardi e guardare la tv.

My husband: "Valentina, are you spending the morning with watching tv again?"
Mio marito: "Valentina, hai intenzione di guardare la tv per tutta la mattina?"

Me : "Just this morning, afterwards I will do sports."
Io: "Solo stamattina, poi farò sport".

My husband : "Exercising helps against overweight", my husband says.
Mio marito: "Fare esercizio aiuta a non ingrassare".

Me : "We have an agreement that we make a diet."
Io: "Abbiamo deciso di metterci a dieta".

My husband: "We shouldn't eat anymore sweets."
Mio marito: "Non dovremmo più mangiare dolci".

Learning questions

What do I like to do in the morning?
Cosa mi piace fare al mattino?

What's our agreement?
Cosa abbiamo deciso?

What should we not eat?
Che cosa non dovremmo mangiare?

6. **Living abroad**
Vivere all'estero

I will stay in Italy for a year. The country is very well organized. There is public transport everywhere and the streets are very clean.
Starò in Italia per un anno. Il paese è molto ben organizzato, ovunque c'è il trasporto pubblico e le strade sono molto pulite.

"Everything is neat here. They have large variety", I tell my friend.
"Tutto qui è molto ordinato, hanno un grande assortimento", dico alla mia amica.

"Yes, the Italian supermarkets are cheap too", I respond.
"Sì, e i supermercati italiani sono anche molto economci", rispondo.

"But most of them close early."
"Ma molti chiudono presto".

"The Italian are also punctual", I explain to my friend.
"Gli italiani sono anche puntuali", spiego alla mia amica.

"I like that", she says. The Italian are also polite."
"Mi piace questa cosa", dice, "Sono anche educati".

"Exactly, but many things are also forbidden in Italy.

There you have to be careful."
"Esatto, ma in Italia ci sono anche molte cose proibite. Devi stare attenta".

"But if you have work, Italy is a good country."
"Ma se hai un lavoro, l'Italia è un paese molto bello".

Learning questions

Are supermarkets expensive?
I supermercati sono costosi?

Why is Italy a good country?
Perchè l'Italia è un paese molto bello?

Are shops closing late?
I negozi chiudono tardi?

7. **Old age does not matter**
L'età non conta

The grandchild: "Hi grandpa, how old did you get yesterday?"
Nipote: "Ciao nonno, quanti anni hai compiuto ieri?"

The grandfather: "Yesterday I got seventy."
Nonno: "Ieri ho compiuto settant'anni".

The grandchild: "Are you still driving?"
Nipote: "Guidi ancora?"

The grandfather: "I have been driving for twenty years without accident. I always drove a lot and traveled everywhere. I can't live without a car, even for a small ride a take my car."
Nonno: "Ho guidato per vent'anni senza fare incidenti. Ho sempre guidato molto e ho viaggiato ovunque. Non potrei vivere senza una macchina, la utilizzo anche per fare solo un giro".

The grandchild: "Have you ever had an accident?"
Nipote: "Hai mai fatto un incidente?"

The grandfather: "I never had an accident because I always drive slow."
Nonno: "No, non ho mai fatto un incidente perche vado sempre molto piano".

The grandchild: "Have you ever been in a traffic stop?"
Nipote: "Ti sei mai ritrovato ad un posto di blocco?"

The grandfather: "This morning I was stopped by the police. The police officer said, I cannot drive a car anymore, because I never had a driver's license."
Nonno: "Stamattina mia ha fermato la polizia e mi hanno detto che non posso più guidare perchè non ho mai avuto la patente".

Learning questions

How old is the grandfather?
Quanti anni ha il nonno?

Why is my grandfather still driving a car?
Perchè mio nonno guida ancora la macchina?

Why can not the grandfather drive a car anymore?
Perchè il nonno non può più guidare?

8. In the bakery
Al forno

My work starts in fifteen minutes. Before going to work,
I'd like to stop at a local bakery to buy a fresh bread. I
open the door and there is already a long line. There are
at least eight people in front of me. They buy everything
from cakes to Italian bread. I have to be at the office in
less than ten minutes. Then it's my turn. Suddenly, a
man walks past me.

*Il mio turno di lavoro inizia tra quindici minuti, ma
prima vorrei fermarmi al forno per comprare del pane
fresco. Apro la porta è c'è già una lunga fila, ci sono
almeno otto persone davanti a me. Comprano di tutto,
dalle torte al pane italiano. Devo essere in ufficio in
meno di dieci minuti. Finalmente arriva il mio turno ma
all'improvviso un uomo mi passa davanti.*

"Sorry it is my turn now."
"Scusi, tocca a me adesso".

The salesman: It is not yours yet."»
Commesso: "Non è ancora il suo turno".

"I was first", I protested
"C'ero prima io", replico.

"Be quiet", says the salesman and begins to chat with the
customer.
"Faccia silenzio", dice il commesso, e inizia a

chiacchierare con il cliente ".

"How was your weekend?"
"Come è andato il finesettimana?"

"Alright, I have to tell you something..."
"Tutto bene. Devo raccontarti una cosa..."

I take the cake and throw it at the seller's face. The seller falls to the ground. All customers are shocked.
Prendo la torta e la lancio dritta in faccia al commesso che cade a terra. Tutti i clienti sono sconvolti.

"Anyone else want cake", I asked.
"Qualcun'altro vuole un po' di torta?" chiedo.

The customers ran out of the store, I take my bread and leave.
I clienti si precipitano fuori dal negozio. Io prendo il mio pane e vado via.

Learning questions

Why why do I protest?
Perchè protesto?

Why am I angry?
Perchè sono arrabbiato?

What do customers do after the incident?

Cosa fanno i clienti dopo l'incidente?

9. The cinema
Il cinema

This weekend they show a really good movie in the cinema. It's supposed to be a romantic movie. That's why I invited a neighbor to accompany me because she also loves romantic movies. We buy popcorn and sit in the front row.

Questo finesettimana poiettano un film molto bello al cinema. Dovrebbe essere un film romantico, per questo motivo ho invitato la mia vicina che ama questo genere di film. Compriamo i popcorn e ci sediamo in prima fila.

"May I offer you popcorn",
"Posso offrirti dei popcorn?"

"Gladly, I love popcorn."
"Volentieri, adoro i popcorn".

My neighbor puts her head on my shoulder. I take her hand.
La mia vicina poggia la testa sulla mia spalla. Io le prendo la mano.

"Can I hold your hand?"
"Posso tenerti la mano?"

The girl remains silent. I put the bag of popcorn to the side.
La ragazza rimane in silenzio. Sposto da un lato la scatola dei popcorn.

"May I put my hand on your knee?"
"Posso mettere la mano sul tuo ginocchio?"

Learning questions

What kind of movie are we watching?
Che genere di film stiamo guardando?

Do I offer her a drink?
Le offro da bere?

What do I ask her?
Che cosa le chiedo?

10. **In the hospital**
In ospedale

The taxi driver: "Good morning, where do you want to go?"
Tassista: "Buongiorno, dove la porto?"

The passenger: "I need to go the hospital."
Passeggero: "Devo andare in ospedale".

The taxi driver: "Is it an emergency?"
Tassista: "Si tratta di un'emergenza?"

The passenger: "No, but my daughter has surgery."
Passeggero: "No, ma mia mia figlia deve fare un intervento".

The taxi driver: "So I don't have to drive fast?"
Tassista: "Quindi non c'è bisogno che vada veloce?"

The passenger: "Drive slowly, please."
Passeggero: "Guidi piano, per favore".

The taxi driver:"Of course, I always drive slowly and carefully.
Tassista: "Certo, vado sempre piano e guido con prudenza".

The passenger: "Can you pick me up later?"

Passeggero: "Può passare a prendermi più tardi?"

The taxi driver: "I drive you there and pick you up later."
Tassista: "La accompagno lì e la passo a prendere più tardi".

The passenger: "For doing that I give you a tip."
Passeggero: "Per questo le lascerò una mancia".

Learning questions

Where are we going?
Dove stiamo andando?

What do I ask the driver?
Cosa chiedo al tassista?

Why do I tip?
Perchè gli lascio una mancia?

11. **The application**
Il colloquio

I am calling a company. "Good morning, have you received my application?"
Sto chiamando un'azienda. "Buongiorno, avete ricevuto la mia candidatura?"

"Good morning, yes your application has arrived."
"Buongiorno, sì, l'abbiamo ricevuta".

"Is there already a scheduled appointment?"
"É già stato fissato un appuntamento?"

"Yes, we have you sent an invitation."
"Sì, le abbiamo inviato una proposta".

"Do you mean I have have a job interview?"
"Questo significa che ho ottenuto un colloquio di lavoro?"

"Yes, please come next Monday."
"Sì, venga lunedì prossimo".

Learning questions

What do I ask first?
Qual è la prima cosa che chiedo?

What did they send me?
Cosa mi hanno inviato?

Have I received an invitation?
Ho ottenuto un colloquio?

12. **Winning the lottery**
Vincere la lotteria

My father and I heard that my uncle won the lottery. The game is called six out of forty-nine, which means that my uncle had to guess six correct numbers. We all think that my uncle has become a millionaire. But my dad told me he still owes $ 2,000 to our family. We decided to visit my uncle.

Io e mio padre abbiamo saputo che mio zio ha vinto la lotteria. Il gioco si chiama "Sei su Quarantanove": significa che mio zio ha dovuto indovinare sei numeri esatti per vincere. Tutti pensiamo che mio zio sia diventato milionario, ma mio padre mi ha detto che ha ancora un debito di $ 2,000 con la nostra famiglia. Decidiamo di far visita a mio zio.

My father : "Hello, I heard you won the lottery."
Papà: "Ciao, ho sentito che hai vinto la lotteria".

My uncle : "I am not rich, I am still poor."
Zio: "Non sono ricco, sono ancora povero".

My father: "I don't believe you."
Papà: "Non ti credo".

My uncle : "Yes, please believe me, I was just bragging."
Zio: "Ti prego, credimi. Mi stavo solo dando delle

arie".

My father: "You still owe me."
Papà: "Hai ancora un debito con me".

My uncle : "Alright, I give you my car."
Zio: "Va bene, ti do la mia macchina".

Learning questions

Did he really win the lottery?
Ha davvero vinto la lotteria?

Is he still in debt?
Ha ancora un debito?

What does he give us?
Che cosa ci da?

13. **At the office**
In ufficio

I am usually very busy, especially Mondays. In the morning, I drive 30 minutes to work. First, I make coffee and then I start making phone calls.

Di solito sono sempre occupato, specialmente di lunedì. Di mattina impiego 30 minuti in auto per arrivare a lavoro. Per prima cosa faccio il caffè e poi inizio a fare delle telefonate.

My boss : "Good morning, Ms. Leclerc, is the coffee ready?"
Il capo: "Buongiorno Sig. Leclerc, il caffè è pronto?"

Me : "In five minutes, sir. Is there something else I can do for you?"
Io: "Tra cinque minuti, signore. Posso fare qualche altra cosa per lei?"

My boss : "I'd like you to do me a personal favor."
Il capo: "Vorrei che mi facesse un favore personale".

Me: "Like last week?" After that I felt so bad."
Io: "Come la scorsa settimana? Dopo sono stato molto male".

My boss: "I'd like you to send the letters. After that you can clean the office."
Il capo: "Vorrei che spedisse le lettere, dopo potrà pulire l'ufficio".

Me: "Today I would like to leave early."
Io: "Oggi vorrei uscire prima".

Mon chef: "No problem, besides I have a gift for your."
Il capo: "Nessun problema, inoltre ho un regalo per lei".

Learning questions

What kind of work do I have?
Che tipo di lavoro svolgo?

What are my tasks?
Quali sono i miei compiti?

What do I do after work?
Cosa faccio dopo il lavoro?

14. **Our hotel**
Il nostro albergo

The father:"That's a very nice hotel."
Padre: "È un albergo molto bello".

The daughter :"But the beds are not clean."
Figlia: "Ma i letti non sono puliti".

The father: "Are you sure?"
Padre: "Sei sicura?"

The daughter: "Look dad! There are cockroaches
running around in the toilet."
*Figlia: "Guarda papà! Ci sono degli scarafaggi che
corrono di qua e di là nel bagno".*

The father: "We have a travel insurance, but they don't
pay for dirty rooms."
*Padre: "Abbiamo un'assicurazione di viaggio, ma non
paga per le stanze sporche".*

The daughter : "I have an idea. I make pictures of the
cockroaches. In a pharmacy I'll buy medication against
diarrhoea. I keep the receipt. After the vacation I'll send
the receipt to the insurance. I write the insurance the we
got sick in the hotel for lack of hygiene.
*Figlia: "Ho un'idea. Faccio delle foto agli scarafaggi.
Vado in farmacia a comprare dei farmacio contro la
diarrea e tengo lo scontrino. Dopo la vacanza manderò
lo scontrino all'assicurazione e dirò loro che mi sono*

ammalata per la mancanza di igiene in albergo".

The father:"Okay, we try that."
Padre: "Ok, proviamo".

Learning questions

What do we find in the toilet?
Cosa troviamo nel bagno?

Why will insurance not pay?
Perchè l'assicurazione non pagherà?

What idea did the daughter have?
Che idea ha avuto la figlia?

15. **The offer**
L'offerta

"You have damaged my car."
"Lei ha danneggiato la mia auto".

"I am sorry. I have not seen your car."
"Scusi, non l'avevo vista".

"Are you admitting your guilt?"
"Quindi ammette di essere colpevole?"

"Yes it is my fault. Can I pay for the damage now?"
"Sì, è colpa mia. Ora posso pagarle il danno?"

"Are you offering me money? I think it is better that we'll call the police."
"Mi sta offrendo dei soldi? Penso sia meglio chiamare la polizia".

"I offer you five hundred euros."
"Le offro cinquecento euro".

<u>Learning questions</u>

What is his excuse?
Qual è la sua scusa?

Who is responsible for the accident?
Chi è il responsabile dell'incidente?

What does the driver offer?
Che cosa offre l'autista?

16. **To study abroad**
Studiare all'estero

Je m'appelle Cliff. Je viens des Etats-Unis et je voudrais étudier en Italy.
Mi chiamo Cliff, vengo dagli Stati Uniti e vorrei studiare in Italia.

The professor: "To be admitted to the university in Italy, you must have a fairly good level in Italian. "
Professore: "Per essere ammesso all'università in Italia devi avere un livello abbastanza buono di conoscenza della lingua italiana".

"How can I proof my level?"
"Come posso testare il mio livello?"

The professor: "You will be able to prove your knowledge by passing a language test. But if you want to study in an international field, then it will not be a necessary condition."
Professore: "Potrai dimostrare la tua conoscenza sostenendo un test di lingua. Ma sei vuoi studiare in ambito internazionale, non è indispensabile".

"That means, I can improve my Italian knowledge by doing a simple language course."
"Questo significa che posso migliorare la mia conoscenza dell'italiano facendo un semplice corso di lingua".

The professor: "That's seems like how it is with us."
Il professore: "Così sembra".

"Excellent", I reply. "Fortunately I already speak a little Italian."
"Perfetto", rispondo. "Per fortuna parlo già un po' di italiano".

Learning questions

What is my goal?
Qual è il mio obbiettivo?

How can I prove my Italian skills?
Come posso testare le mie conoscenze della lingua italiana?

Why do I have to do a test?
Perchè devo fare un test?

17. **The travel agency**
L'agenzia di viaggi

Jeanne: "Good morning, I'd like to buy a ticket to Spain."
Jeanne: "Buongiorno, vorrei comprare un biglietto per la Spagna".

The sales person: "Of course. When would you like to go?"
Commesso: "Certo. Quando vorrebbe partire?"

Jeanne: "I'd like to go at the beginning of December and come back beginning of January."
Jeanne: "Vorrei partire all'inizio di dicembre e tornare all'inizio di febbraio".

The sales person: "To what city would you like to go?"
Commesso: "In quale città vorrebbe andare?"

Jeanne: "Please book a flight to Tenerife."
Jeanne: "Mi prenoti un volo per Tenerife per favore".

The sales person: "Would you like to buy travel insurance?
Commesso: "Vuole acquistare anche un'assicurazione di viaggio?"

Jeane: No, I just need a cheap ticket.
Jeanne: "No, ho solo bisogno di un biglietto economico".

Learning questions

Where do I want to go?
Dove voglio andare?

What are my travel dates
Quali date ho scelto per viaggiare?

18. **Our new house**
La nostra nuova casa

My dad bought a big new house for all of us. The house has three floors and there are eight rooms on each floor. There is also a big attic, which my father intends to rent. My father explains to me that it is not easy to find reliable and wealthy tenants.

Mio padre ha acquistato una nuova grande casa per noi. La casa ha tre piani e ci sono otto stanze su ogni piano. C'è anche una grande mansarda che mio padre ha intenzione di affittare. Mi ha spiegato che non è facile trovare degli inquilini affidabili e benestanti.

The father: "We are going to rent the upper floor."
Padre: "Affitteremo il piano superiore".

The mother: "But to find good tenants is not easy."
Madre: "Ma non è facile trovare dei bravi inquilini".

Me: "When will the first interested people come?"
Io: "Quando arriveranno le prime persone interessate?"

The father: "A lot of people will come at the weekend to take a look at the apartment."
Padre: "Diverse persone verranno nel finesettimana per dare un'occhiata all'appartamento".

The mother: "Last weekend there were already two families. They'd like to rent the apartment, but your dad

didn't want these people as new tenants."
Madre: "Lo scorso weekend sono già venute due famiglie che volevano prendere in affitto l'appartamento, ma tuo padre non le ha volute come inquilini".

Me: "Why didn't we want them as tenants?"
Io: "Perchè non le ha volute come inquilini?"

The father: "The first family was unemployed and the second family wanted to bring a sick grandmother into the house. "
Padre: "La prima famiglia era disoccupata e la seconda voleva portare in casa una nonna malata".

Learning Questions

What part of the house is for rent?
Quale parte della casa è in affitto?

What kind of people are we looking for?
Che tipo di persone stiamo cercando?

Why are we renting?
Perché stiamo affittando?

19. Where Is Our Cat?
Dov'è il nostro gatto?

One morning we found a dead bird lying in front of our door. It looked like someone placed it there.
I told my mother: "I think our cat Mika did this."
My mother answered: "That's nature, we must not interfere."
I disagreed. "That's dangerous."
"Why?"
"The dead bird carries bacteria. Mika will bring that bacteria into our house."
"You are right", said my mother, concerned.
My mother had to make a decision. She took the cat into the house.
After that I never saw Mika again.

Una mattina abbiamo trovato un uccello morto di fronte la nostra porta. Sembrava che qualcuno l'avesse messo lì.
Ho detto a mia madre: "Penso che sia stato il nostro gatto Mika."
Mia madre mi ha risposto: "È la sua natura, non dobbiamo interferire."
Non ero d'accordo. "E' pericoloso."
"Perché?"
"Il cadavere di un uccello contiene dei batteri e Mika li porterà dentro casa."
"Hai ragione", ha detto mia madre, preoccupata.
Mia madre ha dovuto prendere una decisione. Ha portato il gatto dentro casa ma dopo quella volta non ho

mai più visto Mika.

Learning questions

What did the cat do?
Che cosa ha fatto il gatto?

What is the mother doing?
Cosa sta facendo la madre?

20. **A helping hand**
Dare una mano

Gabriel: "Excuse me, but can I help you to cross the street?"
Gabriel: "Mi scusi, posso aiutarla ad attraversare la strada?"

The pensioner: "That'd be very nice. Please help me."
Anziano: "Sarebbe molto gentile da parte sua. Mi aiuti, la prego".

Gabriel: "To get a green light, the pedestrian has to push a button."
Gabriel: "Per far scattare il semaforo verde il pedone deve premere un pulsante".

The pensioner: "I didn't know that."
Anziano: "Non lo sapevo".

Gabriel: "A lot of elderly don't know that or they forget to push the button.
Gabriel: "Molte persone anziane non lo sanno, oppure dimenticano di premere il pulsante".

<u>Learning Questions</u>

What does Gabriel offer?
Cosa si offre di fare Gabriel?

What do not know many older people?
Che cosa non sanno molte persone anziane?

21. **Elderly people need help**
Gli anziani hanno bisogno di aiuto

Adam : "May I let you pass?"
Adam: "Vuole passare?"

The pensioner: "Gladly, that's very nice."
Anziano: "Volentieri, molto gentile da parte sua".

Adam : "I understand you cannot stand that long in line."
Adam: "So che lei non riesce a stare in piedi per troppo tempo".

The pensioner: "That's right. I have a problem with my hip."
Anziano: "Ha ragione, ho un problema all'anca".

Adam : "What kind of movie would you like to watch?"
Adam: "Che genere di film vorrebbe vedere?"

The pensioner: "I am going to watch a comedy."
Anziano: "Guarderò una commedia".

Learning questions

What does Adam offer to the retiree?
Cosa si offre di fare Adam per il pensionato?

What's wrong with the retiree?
Che problema ha il pensionato?
What kind of film does the retiree want to see?
Che genere di film vuole vedere il pensionato?

22. **Down with the pounds**
Via i chili di troppo

Marion has recently gained weight. Every morning she weighs herself and yesterday she reached the 90 kilos, almost any pile. She's a little ashamed of herself, especially because everyone in her family is pretty thin. For Christmas she expects her whole family to come and see her.

Di recente Marion è ingrassata. Si pesa ogni mattina e ieri ha raggiunto i 90 chili. Si vergogna un po', soprattutto perchè tutti i membri della sua famiglia sono abbastanza magri. Si aspetta che tutta la sua famiglia le faccia visita per Natale.

The mother: "Marion, did you gain weight ?"
Madre: "Marion, sei ingrassata?"

Marion: "No, I am on a diet."
Marion: "No, sono a dieta".

The mother: "Whether you have gained weight or lost it you cannot see it."
Madre: "Che tu sia ingrassata o dimagrita non si riesce a vederlo".

Marion: "But the last months I lost five kilos."
Marion: "Ma il mese scorso ho perso cinque chili".

The mother: "I don't believe you."

Madre: "Non ti credo".

Marion: "I will proof it to you and the family."
Marion: "Lo dimostrerò a te e a tutta la famiglia".

Learning questions

Why does Marion say she hasn't gained weight?
Perchè Marion non dice di essere ingrassata?

How many kilos did Marion lose?
Quanti chili ha perso Marion?

What will Marion show her parents?
Cosa dimostrerà Marion ai suoi genitori?

23. **An old trick**
Un vecchio trucco

The guest: "Hi, can I borrow fifty euros?"
Ospite: "Ciao, mi presti cinque euro?"

Me: "Normally I never lend money. Friendship ends with money."
Io: "Di solito non presto soldi. È così che finiscono le amicizie".

The guest: "I pay you back tomorrow."
Ospite: "Te li renderò domani".

I believe him and lend him my money. The next day the man is not there. After a week the man is there and he pays me back."
Io gli credo e gli presto i miei soldi. Il giorno dopo l'uomo non c'è. Lo ritrovo dopo una settimana e mi ridà i miei soldi".

Me: "It's about time. I didn't believe you anymore."
Io: "Finalmente. Non ti crederò più".

The next day I meet him again. I walks towards me.
Il giorno dopo lo incontro di nuovo e viene verso di me.

The guest: "Can I borrow one hundred euros?"
Ospite: "Mi presti cento euro?"

Me: "Today I can't. I am sorry."

Io: "Oggi non posso, mi dispiace".

<u>Learning Questions</u>

Combien d'argent l'homme veut-il emprunter?
Quanti soldi chiede in prestito l'uomo?
Quand l'homme veut-il rembourser l'argent?
Dopo quanto tempo l'uomo rende i soldi?
À la fin, combien d'argent veut-il?
Alla fine quanti soldi chiede in prestito?

24. I'll be back soon
Tornerò presto

Today I'm late. I have to be at work in ten minutes. I go to work by car, suddenly I remember that I forgot my keys.
I drive back and park in front of my house. There's a police officer.

Oggi sono in ritardo, devo essere a lavoro entro dieci minuti. Vado a lavoro in macchina, ma all'improvviso ricordo di aver dimenticato le chiavi.
Torno indietro e parcheggio davanti casa mia. C'è un poliziotto.

The police officer: "You cannot park here!"
Poliziotto: "Non può parcheggiare qui!"

Me: "I just have to go into the house. I'll be right back."
Io: "Devo solo entrare in casa, torno subito".

The police officer: "Why you have to go into the house?"
Poliziotto: "Perchè deve entrare in casa?"

Me: "I live here and I forgot my keys."
Io: "Vivo qui e ho dimenticato le mie chiavi".

The police officer: "You have one minute."
Poliziotto: "Le do un minuto".

<u>Learning questions</u>

Why do I have to enter the house?
Perchè devo entrare in casa?

Why do I have to turn around?
Perchè devo tornare indietro?

25. **The birthday party**
La festa di compleanno

Nico: "Hi Andreas, do come next Friday to my birthday party?"
Nico: "Ciao Andreas, venerdì prossimo verrai alla mia festa di compleanno?"

Andreas: "Gladly, where do you celebrate?"
Andreas: "Volentieri, dove la festeggerai?"

Nico: "The birthday party will be in my apartment."
Nico: "La festa di compleanno si terrà nel mio appartamento".

Andreas: "How old are going to be?"
Andreas: "Quanti anni compi?"

Nico: "I will be thirty years old. In the morning my parents, my siblings and my grandparents will come."
Nico: "Compirò trent'anni. La mattina verranno a trovarmi i miei genitori, i miei cugini e i miei nonni".

Andreas: "Do you need help?"
Andreas: "Hai bisogno di aiuto?"

Nico: "In the morning my mother will help me with the food. We will cook and afterward we will bake a cake together."
Nico: "La mattina mia madre verrà ad aiutarmi con il cibo. Dopo aver cucinato prepareremo una torta

insieme".

Andreas: "What do you eat in the evening?"
Andreas: "Cosa mangerete la sera?"

Nico: "For the evening we will prepare lamb. My family likes traditional, Italian food."
Nico: Per la sera prepareremo l'agnello. Alla mia famiglia piace il cibo tipico italiano".

Andreas: "But the most important thing is the birthday cake. It has to come with thirty candles and must be decorated with a lot of whip cream."
Andreas: "Ma la cosa più importante è la torta di compleanno. Ci dovranno essere trenta candeline e dovrà essere decorata con tanta panna montata".

Nico: "Exactly! Thirty candles means I have become thirty! Friday will be an important day!"
Nico: "Esatto! Trenta candeline perchè compirò trent'anni! Venerdì sarà un giorno molto importante!"

<u>Learning questions</u>

What does my mother help me with in the morning?
In cosa mi aiuta mia madre la mattina?

What's the most important thing at my birthday party?
Qual è la cosa più importante riguardo la mia festa di compleanno?

What's the most important thing at my birthday party?
Qual è la cosa più importante riguardo la mia festa di compleanno?

26. **Heavy bricks**
Mattoni pesanti

The child: "Excuse me. Why are you sweating so much?"
Bambino: "Scusa, perchè sudi così tanto?"

Me: "I have to work hard. That's why I am sweating so much and I am tired", I explain.
Io: "Devo lavorare molto duramente, ecco perchè sto sudando così tanto, e sono stanco", gli spiego.

The child: "Why do you have to work so hard?"
Bambino: "Perchè devi lavorare così duramente?"

Me: "I have to carry bricks, because I don't have an education."
Io: "Devo trasportare i mattoni perchè non ho studiato".

The child: "But you are already old."
Bambino: "Ma sei già vecchio".

Me: "I can't do anything else and I have my reasons."
Io: "Non posso fare nient'altro e ho le mie ragioni".

Suddenly a man approaches. It is my boss. He makes a face. "Why are you standing around and talk with a child?"
All'improvviso si avvicina un uomo, è il mio capo. Fa una smorfia e mi dice: "Perchè stai perdendo tempo e parli con un bambino?"

I explain that I make only a short break and the child just
wanted to know why I am sweating so much.
Gli spiego che stavo facendo una piccola pausa e che il
bambino voleva solamente sapere perchè sudavo così
tanto.

"Why are you sweating", my boss wants to know.
"Perchè stai sudando?", vuole sapere il mio capo.

"Because I was carrying so many bricks", I say.
"Perchè stavo trasportando davvero tanti mattoni", dico.

Then my boss replies: "Enough talk, carry on."
Allora il mio capo risponde: "Basta chiacchierare,
continua a lavorare".

<u>Learning questions</u>

Why do I sweat so much?
Perchè sudo così tanto?

What do I explain to my boss?
Cosa spiego al mio capo?

What is my problem
Qual è il mio problema?

27. After the storm
Dopo la tempesta

Pierre : "Maria, we don't have no electricity anymore!"
Pierre: "Maria, non abbiamo più la corrente!"

Maria : "That's not so bad. But we have no water!"
Maria: "Questo non è un gran problema, ma non abbiamo l'acqua!"

Pierre : "Everything is dark. Where is the police?"
Pierre: "È tutto buio, dov'è la polizia?"

Maria : "They said we have to wait for the fire brigade."
Maria: "Hanno detto che dobbiamo aspettare i vigili del fuoco".

Pierre : "Do we still have enough food?"
Pierre: "Abbiamo abbastanza cibo?"

Maria : "Yes, that's not the problem, because next to our nursing home is a hotel."
Maria: "Sì, non ti preoccupare. Vicino la nostra casa di riposo c'è un albergo".

Pierre : "That's good, they will help us."
Pierre: "Va bene, ci aiuteranno loro".

Learning Questions

Is there still enough food?
C'è ancora abbastanza cibo?

What are they waiting for?
Cosa stanno aspettando?

Who do they think will help them?
Chi li aiuterà secondo loro?

28. The vegetarian restaurant
Il ristorante vegetariano

Marion is determined to make changes in her life.
But she doesn't like to cook. She's asking a friend for
advice.

Marion ha deciso di fare alcuni cambiamenti nella sua
vita, ma non ama cucinare e chiede consiglio ad un
amico.

A friend : "Marion, it's best to start a diet without meat."
Amico: "Marion, sarebbe meglio fare una dieta senza
carne".

Marion : "If I have time, I'll start to cook new diet
dishes."
Marion: "Se avrò tempo inizierò a cucinare dei nuoi
piatti dietetici".

A friend : "But cooking takes time and you have only a
small kitchen."
Amico: "Ma per cucinre ci vuole tempo e tu hai solo una
piccola
Cucina".

Marion : "That's why I am often go to vegetarian
restaurants. My favorite food is tofu, before I liked
hamburgers and fries."
Marion: "Ecco perchè vado spesso nei ristoranti
vegetariani. Il mio cibo preferito è il tofu. Prima mi

piacevano gli hamburger e le patatine fritte".

A friend: Tofu has a lot of calories too!"
Amico: "Anche il tofu ha molte calorie!"

Learning questions

What's is Marion's plan and why?
Che intenzioni ha Marion e perchè?

What are the types of Marion food Marion prefers?
Quali sono i cibi preferiti di Marion?"

Why does Marion want to go to a vegetarian kitchen?
Perchè Marion vuole andare nei ristoranti vegetariani?

29. Trains and buses
Treni e autobus

Markus : "Where is grandma actually living?"
Markus: "Dove vive adesso la nonna?"

Maria : "Our grandma lives in another city, outside Bordeaux.
Maria: "Nostra nonna vive in un'altra città, fuori Bordeaux".

Markus : "To visit grandma, do we have to transfer to get there?"
Markus: "Come dobbiamo muoverci per andare a trovare la nonna?"

Maria : "Yes, to visit grandma, first we have to take the train and then the bus. First we have to take the train to Bordeaux. At the central station we have to get out and take another train."
Maria : "Per andare a trovare la nonna dobbiamo prendere prima il treno e poi l'autobus. Prendiamo il treno per Bordeaux e alla stazione centrale dobbiamo scendere e prenderne un altro".

<u>Learning questions</u>

What type of transport should we use?
Che mezzi di trasporto dovremmo utilizzare?

How can we get there?
Come possiamo arrivare?

Where do we need to change?
Dove dobbiamo cambiare?

30. Divorced
Divorziati

Last year, my husband and I got divorced. My ex-husband is an alcoholic and cannot provide for his family.

L'anno scorso io e mio marito abbiamo divorziato. Il mio ex-marito è un alcolista e non riesce a prendersi cura della sua famiglia.

My husband : "Why you want to get divorced?"
Mio marito: "Perchè vuoi divorziare?"

Me : "Because you drink too much alcohol."
Io: "Perchè bevi troppo".

My husband : "What about the children?"
Mio marito: "E i bambini?"

Me : "Fortunately, the children are already grown up. But they still need support."
Io: "Per fortuna i bambini sono già grandi, ma hanno ancora bisogno del mantenimento".

My husband : "Do I have to support the children myself?"
Mio marito: "Devo provvedere ai bambini da solo?"

Me : "We do that together."

Io: "Lo faremo insieme".

Learning Questions

Why am I divorced?
Perchè ho divorziato?

What happens to children?
Cosa succede ai bambini?

Whom are we supporting together?
A chi dobbiamo provvedere insieme?

31. **Special shoes**
Scarpe speciali

Victor asks the sales person: "Do you have working shoes?"
Victor chiede al commesso: "Avete scarpe da lavoro?"

The sales person: "Yes, working shoes are on promotion now."
Commesso: "Sì, le scarpe da lavoro ora sono in offerta".

Victor sees a very nice pair of shoes on the shelf and asks: "Do you have these shoes in size 45?"
Victor vede un bel paio di scarpe sullo scaffale e chiede: "Avete il numero 45 di queste scarpe?"

The sales person said: "No, the shoes in the shelf come as they are."
Commesso: "No, le scarpe sullo scaffale ci sono solo nel numero che vede".

Victor decides to buy the shoes that are on the shelf. The next Monday Victor is wearing his new shoes. In the evening, he foot is bleeding and his heel hurts. A week later, Victor has to wear sandals.
Victor decide di acquistare le scarpe sullo scaffale. Il lunedì seguente Victor porta le sue scarpe nuove ma la sera stessa il suo piede sanguina e gli fa male il tallone. Dopo una settimana Victor deve indossare dei sandali.

His wife wants to know: "Why did you buy shoes that

are too large?
Sua moglie gli chiede: "Perchè hai comprato delle scarpe troppo grandi?"

Victor replies: "Only one shoe was too large, but they were very cheap."
Victor risponde: "Solo una scarpa era troppo larga, ma erano molto economiche".

Learning questions

What kind of shoes is he looking for?
Che tipo di scarpe sta cercando?

Why does he have a sore foot?
Perchè ha un piede dolorante?

Why did he buy the shoes?
Perchè ha comprato le scarpe?

32. **I marry my office**
Ho sposato il mio ufficio

At the office.

The collegue: "Antonio, you dont't work concentrated."
Antonio has a secret. He won't telll anyone that he has a
new girlfriend.
Antonio "I have a secret that nobody must know."
The collegue: "But what is your great secret Antonio?"

In ufficio.

Collega: "Antonio, non sei concentrato".
Antonio ha un segreto, non vuole dire a nessuno che ha
una nuova fidanzata.
Antonio: "Ho un segreto che non deve conoscere
nessuno".
Collega: "Antonio, qual è il tuo grande segreto?"

Antonio does not say it, but the truth is he met her on the
street. Antonio paid for the time he spent with her.
One day, Antonio tells his colleagues that he will be
getting married soon. But one of them tells the
supervisor that he met his girlfriend in the street.

Antonio non dice niente, ma la verità è che l'ha
conosciuta sulla strada. Antonio ha pagato per il tempo
passato con lei.
Un giorno Antonio dice ai suoi colleghi che si sposerà
presto, ma uno di loro racconta al supervisore che
Antonio ha incontrato la sua ragazza sulla strada.

The supervisor: "Antonio, if you marry this woman you can no longer work in our company.
Il supervisore: "Antonio, se sposerai quella donna non potrai più lavorare nella nostra azienda".

Antonio thinks a lot of what he should do. Marry his girlfriend or keeping his job. Finally he speaks to the supervisor. "I have been thinking about this. I am getting married. But not with my girlfriend, I am going to marry my office."
Antonio pensa molto a cosa fare: sposare la sua ragazza o tenersi il lavoro. Alla fine parla con il supervisore: "Ho pensato molto a questa cosa. Mi sposerò: non con la mia ragazza, ma con il mio ufficio".

<u>Learning questions</u>

What is Antonio's secret?
Qual è il segreto di Antonio?

What choice does Antonio have?
Cosa deve scegliere Antonio?

Is he going to marry?
Si sposerà?

33. **The little restaurant**
Il piccolo ristorante

The customer: "Excuse me but this restaurant is not clean", the customer complains.
Cliente: "Scusi ma questo ristorante non è pulito", protesta.

Molli : "Why do you believe that?"
Maria: "Cosa glielo fa pensare?"

"Look, there are cockroaches running over the table."
"Guardi, ci sono degli scarafaggi sul tavolo".

"But my food is healthy", Maria answers.
"Ma il mio cibo è salutare", risponde Maria.

"Why should your food be healthy", the customer demands to know.
"Perchè sarebbe salutare?", chiede il cliente a Maria.

Molli: "My dishes have few calories so my customers won't gain weight."
Maria: "I miei piatti contengono poche calorie così i clienti non ingrassano".

"Buy yourself a cook book", the customer complaints.
"Fries and hamburgers makes you fat."
"Compri un libro di cucina", dice il cliente. "Gli hamburger e le patatine fanno ingrassare".

One day, the Maria has an idea. After a few days of trial and error, she starts serving lean food. A regular customer asks what is the secret of this new tasty food? He told the customer that the meat was made of insects. Eating insects are supposed to be very healthy.

Un giorno Maria ha un'idea. Dopo un po' di giorni di prova e qualche errore, inizia a servire cibi magri. Un cliente abituale le chiede qual è il segreto del suo nuovo cibo gustoso. Lei risponde che si tratta di carne di insetti, e mangiare gli insetti si presume sia molto salutare.

<u>Learning questions</u>

Why does the customer think the restaurant is dirty?
Perchè il cliente pensa che il ristorante sia sporco?

Why does Maria think her food is healthy?
Perchè Maria pensa che il suo cibo sia sano?

What is Maria's idea?
Quale idea ha Maria?

34. **Almost pregnant**
Quasi incinta

Elsa is concerned that is might be pregnant. She is visiting a doctor to find out.
Elsa è preoccupata perchè potrebbe essere incinta. Va a farsi visitare da un dottore per scoprirlo.

The doctor. "So, you are not pregnant and you have never been pregnant."
Dottore: "Allora, lei non è incinta e non lo è mai stata prima".

Elsa : "But why am I gaining constantly weight? The scale already hits the limit."
Elsa: "Ma allora perchè sto prendendo peso costantemente? La bilancia ha già raggiunto il limite".

Le docteur : "Your belly shows a strange shape. We have to make x-rays."
Dottore: "La sua pancia ha una strana forma, dobbiamo fare una radiografia".

After the x-rays the doctor orders her surgery, he says they have to remove something out of her body. After the operation Elsa weights only 60 kilos.
Dopo la radiografia il dottore le ordina di fare un intervento chirurgico per rimuovere qualcosa dal suo corpo. Dopo l'operazione Elsa pesa solo 60 chili.

"What happened to me", Elsa asks

"Che cosa mi è successo?"

The doctor points the the garden: See this 100 kilo
donkey? We pulled out of your belly."
Il dottore indica il giardino e dice: "Vede quell'asino da
100 chili? L'abbiamo tirato fuori dalla sua pancia".

Learning questions

Why does Elsa think she is pregnant?
Perchè Elsa pensa di essere incinta?

Is there anything unusual about her body?
C'è qualcosa di insolito nel suo corpo?

What did they pull out of her body?
Cosa tirano fuori dal suo corpo?

35. **Future plans**
Piani per il futuro

"What do you think should I do in the future?"
"Cosa pensi che dovrei fare in futuro?"

A good friend: "The best thing would be what you always have been dreaming of."
Amico: "La cosa migliore sarebbe fare quello che hai sempre sognato".

"I dream to go to university to study medicine. Then I could become a doctor and open my own business."
"Sogno di andare all'università per studiare medicina. Potrei diventare medico e aprire il mio studio".

A good friend. "But could you work like that?"
Amico: "Ma potresti lavorare così?"

"I even could work in a hospital. Even the police needs doctors. I imagine I'd be a good surgeon. I have a great idea, I will become a plastic surgeon. Plastic surgeons are supposed to make a lot of money, especially in the U.S.
"Potrei anche lavorare in ospedale, persino la polizia ha bisogno dei dottori. Penso di poter essere un bravo chirurgo. Ho una grande idea, potrei diventare un chirurgo plastico. Di solito guadagnano molti soldi, specialmente negli Stati Uniti".

A good friend: That's a great idea."

Amico: "È un'ottima idea".

"So, if I want to make a lot of money, am I supposed to go to the United States?"
"Allora se voglio guadagnare molto devo andare negli Stati Uniti?"

Learning questions

What does my friend recommend to me?
Cosa mi consiglia il mio amico?

What is my dream?
Qual è il mio sogno?

What am I supposed to do?
Che cosa dovrei fare?

36. **A proper house**
Una casa propria

Gabi : "Hi Sabine, what are you doing today?"
Gabi: "Ciao Sabine, cosa farai oggi?"

Sabine : "Hi Gabi, today I will clean the house."
Sabine: "Ciao Gabi, oggi pulirò la casa".

Gabi : "Why is that?"
Gabi: "Come mai?"

Sabine : "Because we are doing a spring cleaning."
Sabine: "Perchè stiamo facendo le pulizie di primavera".

Gabi : "Tell me how that works."
Gabi: "Spiegami come funziona".

Sabine : "For a spring cleaning you need to clean the
windows, the carpets, thoroughly mob the floor, dust and
clean the furniture and also cleaning the mattresses. The
children help to clean the furniture. At last the floor will
be mobbed."
Sabine: "Quando si fanno le pulizie di primavera bisogna
pulire le finestre, i tappeti, lavare accuratamente il
pavimento, spolverare e pulire i mobili e i materassi. I
bambini aiutano a pulire i mobili e alla fine laveremo il
pavimento".

Gabi : "This has to be hard."
Gabi: "Deve essere faticoso".

Sabine : "No, for the spring cleaning all the family helps. Alone I can't do it."

Sabine: "No, tutta la famiglia partecipa alle pulizie di primavera. Da sola non riuscirei a farle".

Learning questions

What am I going to do today?
Cosa farò oggi?

What things should we clean first?
Quali sono le cose da pulire per prime?

What do we have to do at last?
Cosa dobbiamo fare per ultimo?

37. **We are moving**
Ci trasferiamo

"Listen kids, everything has to be packed in boxes."
"Ascoltate bambini, tutto deve essere imballato nelle scatole".

"Which boxes should we use?"
"Quali scatole dobbiamo usare?"

"We bought a lot of packaging material and small boxes."
"Abbiamo comprato molto materiale da imballaggio e delle scatole".

Which things should we put into the boxes?"
"Che cosa dobbiamo mettere nelle scatole?"

"We made a list about what things will be packed in which boxes."
"Abbiamo fatto una lista di tutto quello che deve essere impacchettato e in quali scatole va messo".

"When are we moving?"
"Quando traslochiamo?"

"We have rented a truck for friday. A friend will help us to load and unload the furniture. I am going to drive the truck myself. Fortunately we are staying in the same city."
"Abbiamo noleggiato un furgone per venerdì, un amico

ci aiuterà a caricare e a scaricare i mobili. Guiderò io stesso il furgone. Per fortuna rimaniamo nella stessa città".

"What happens after we move?"
"Che succede dopo il trasloco?"

"After we move we have to install the lamps and clean the furniture. At the end we have to clean the apartment well to get our deposit back."
"Dopo il trasloco dobbiamo istallare le lampade e pulire i mobili. Alla fine dovremo pulire bene l'appartamento per avere indietro la caparra".

Learning questions

Why do we need boxes?
Perchè abbiamo bisogno di scatole?

What did we rent?
Cosa abbbiamo noleggiato?

When are we moving?
Quando traslochiamo?

38. **The taxi picks me up**
Il taxi viene a prendermi

"When is the taxi picking you up?"
"Quando viene a prenderti il taxi?"

"At eleven the taxi picks me up and brings me to the airport."
"Il taxi verrà a prendermi alle undici per portarmi in aereoporto".

"How long does the taxi need to get you to the airport?"
"Quando impiega il taxi per portarti in aereoporto?"

"To the airport we need about an hour, then I have two hours before the flight."
"Per andare in aereoporto ci vuole circa un'ora, poi dovrò aspettare due ore prima del volo".

"Have you already packed your suitcases?"
"Hai già preparato le valigie?"

"I already packed the suitcase yesterday."
"Le ho già preparate ieri".
"But packing a suitcase is no child's game. The clothings have to be packed in order and you must not forget anything."
"Ma preparare le valigie non è un gioco da ragazzi. I vestiti devono essere sistemati in maniera ordinata e non bisogna dimanticare nulla".

"It is already one minute before eleven and I am waiting impatiently for the taxi."
"Manca già un minuto alle undici e aspetto con impazienza il taxi".

"Call me when you arrive."
"Chiamami quando arrivi".

39. **Joining Clubs**
Far parte di un club

In Italy many people are members of a club. , meetups and automobile clubs are quite common. These are also place where people socialize.
In Italia molte persone fanno parte di un'associazione: i club di incontri e quelli automobilistici sono molto comuni. Sono anche posti in cui le persone si incontrano per socializzare tra loro.

"Good morning Ms. Rossi. What are you doing so early this morning on the street?"
"Buon giorno Sig. Rossi. Cosa fa così presto di mattina in strada?"

"I have a meeting in a club."
"Ho un incontro in un club".

"Are you in a sports club?"
"Fa parte di un'associazione sportiva?"

"No I have a meeting with an automobile club.
"No, ho una riunione in un club automobilistico".

"Me too! Then we meet us there again."
"Anche io! Ci vediamo lì".

"Maybe we should do more things together, Ms. Rossi"
"Forse dovremmo fare più cose insieme Sig. Rossi".

"We see about that."
"Vedremo".

Learning Questions

What is popular in Italy?
Cosa è popolare in Italia?

In what kind of club is Mr. Rossi member?
In che tipo di società è membro del signor Rossi?

Dialogue Short Stories for Beginners and Intermediate Students

40. **TV in Italy**
Tv in Italia

In Italy, most movies are shown late at night. Most TV channels offer sports, news and old television series.
In Italia molti film vengono trasmessi in tarda serata. Molti canali offrono programmi sportivi, telegiornali e veccchie serie tv.

"What's on TV today?"
"Cosa c'è oggi in tv?"

There is always sports, news and series that I have already seen."
"C'è sempre lo sport, i telegionali e delle serie tv che ho già visto".

"I would like to see a movie."
"Mi piacerebbe vedere un film".

"Then you better go to the cinema. Movies they show usually at night."
"Allora faresti meglio ad andare al cinema. I film di solito vengono trasmessi di sera".

"Please tell me more about TV."
"Dimmi di più sulla tv, per favore".

"Watching TV in Italy can be a little boring. It's better to spend time with friends or do a hobby."
"Guardare la tv in Italia può essere un po' noioso. È

meglio passare il tempo con gli amici o avere un hobby".

"But this is just your opinion, right?"
"Ma questa è solo la tua opinione, giusto?"

"Yes, but if I watch TV, I prefer documentaries.
"Si, ma se guardo la tv preferisco vedere i documentari".

41. The ATM
Lo sportello bancomat

"Excuse me. How does an ATM machine work in Italy?"
"Scusi, come funziona lo sportello bancomat in Italia?"

"First you have to insert the card into the ATM. On the
screen you will be asked for a secret number. The
number is also called PIN and has four digits."
"Prima bisogna inserire la carta nello sportello. Sullo
schermo le verrà chiesto di inserire un numero segreto.
Si chiama anche PIN ed è composto da quattro cifre".

"Can I get directly into my account?"
"Posso entrare direttamente nel mio conto?"

"Yes, after that I have access to my account. On the
screen I can see how much by balance is."
"Si, poi ho accesso al mio conto. Sullo schermo posso
vedere di quanto è il mio saldo".

"How much money can I take out?"
"Quanto denaro posso prelevare?"

"Usually the maximum amount per day is 1000 euros.
But that depends on your account. I often get fifty euros.
After I have taken the money I have to take out the card.
At the end I get a receipt."
"Di solito l'importo massimo giornaliero è di 1000 euro,
ma dipende dal suo conto. Io prelevo spesso cinquanta
euro. Dopo aver preso i soldi bisogna ritirare la carta e

alla fine viene rilasciata una ricevuta".

"What happens if I forget to take out the card?"
"Che succede se dimentico di ritirare la carta?"

"Then I have to have my card blocked and apply for a new one."
"In quel caso devo bloccare la mia carta e richiederne una nuova".

42. **The funeral**
Il funerale

"When did grandmother died?"
"Quando è morta la nonna?"

"Grandma died last weekend."
"La nonna è molta lo scorso finesettimana".

"Why do they bury her?"
"Perchè la seppelliranno?"

"In Italy it is custom to get buried."
"In Italia è consuetudine essere sepolti".

"Who is paying for the funeral?"
"Chi paga il funerale?"

"Normally the family pays for it."
"Normalmente lo paga la famiglia".

43. **New neighbors**
Nuovi vicini

"Who is our new neighbor?"
"Chi è il nostro nuovo vicino?"

"Below us lives a young man. He is a student and lives by himself. He has a cat in his apartment."
"Sotto di noi vive un ragazzo, è uno studente e vive da solo. Ha un gatto nel suo appartamento".

"Is he a nice person?"
"È gentile?"

"Yes he always greets me when we meet on the stairways."
"Sì, mi saluta sempre quando ci incontriamo sulle scale".

"Do we have more neighbors?"
"Abbiamo altri vicini?"

Yes, next week is tenant meeting. Then I will meet all my new
neighbors."
"Sì, la prossima settimana c'è una riunione con gli inquilini, così incontrerò tutti i miei nuovi vicini".

44. **The Public Swimming Pool**
La piscina pubblica

The major cities in Italy have public swimming pools. These are good place to learn to swim or to spend time with friends. Many young people go there in groups, especially on weekends.

In tutte le principali città italiane ci sono le piscine pubbliche. Sono degli ottimi luoghi dove imparare a nuotare o passare del tempo con gli amici. Molti giovani ci vanno in gruppo, specialmente nel finesettimana.

"What are we going to do first?"
"Cosa faremo per prima cosa?"

"We should first jump off the block and then we'll warm up."
"Prima ci tufferemo dai blocchi e poi ci riscalderemo"

"Alright. We start with 1000 meters breaststroke. After that we can continue with freestyle.
"Va bene, iniziamo con 1000 metri a rana, poi possiamo continuare a stile libero".

"At the end we play water polo"
"Alla fine giochiamo a pallanuoto".
"At the pool edge is always the lifeguard and watching us."
"A bordo piscina c'è sempre il bagnino che ci guarda".

"Maybe the life guard thinks we did not behave."
"Forse pensa che non ci siamo comportati bene".

"Why?"
"Perchè?"

"Last week we have been swimming here but didn't use
the shower. because last week there was another kid here
who left his excrements in the shower."
"La settimana scorsa siamo venuti qui a nuotare ma non
abbiamo usato le doccia perchè un altro ragazzo ha
lasciato lì i suoi escrementi".

45. **The Tourist Guide**
La guida turistica

Pepe is a tour guide in Rome, but he is originally from
Spain.
Pepe lavora come guida turistica a Roma, ma è
originario della Spagna.

A tourist in Rome: "Thank you for your tour. You speak
good Italian, Pepe."
Un turista a Roma: "Grazie per il tour. Parli bene
l'italiano, Pepe".

Pepe : "I speak Itialian well because ten years ago I
worked in Milan. I worked in a factory. But now I came
back here because in Spain there is a lot of
unemployment."
Pepe: "Parlo bene l'italiano perchè dieci anni fa lavoravo
a Milano in una fabbrica. Ma ora sono tornato qui perchè
in Spagna c'è molta disoccupazione".

"Are you only a tourist guide?"
"Fai solo la guida turistica?"

Pepe : " I also work as a salesman on weekends,
especially in the morning at markets.
Pepe: "Faccio anche il venditore nei finesettimana,
soprattutto al mattino nei mercati".

"As a tourist guide, do you also work with tourist
groups?"

"Come guida turistica lavori anche con i gruppi?"

Pepe : "I do. Last week I had a group of Italian retirees who I visited the city. I tell tourists the history of the city. What interests them most in general are the monuments. At the end of the day, people can also ask me personal questions. "

Pepe: "Sì. La scorsa settimana ero in visita con un gruppo di pensionati e ho raccontato loro la storia della città. Quello che interessa di più di solito sono i monumenti. Alla fine della giornata le persone posso anche farmi domande personali".

46. The Painters Arrive
Arrivano i pittori

"Good morning, are you starting to paint the house from the outside?"

"Buongiorno, inizierà a dipingere la casa dall'esterno?"

"Yes, we start with the upper floor. We brought a ladder. We start outside and we will paint the outside walls."

"Sì, inizieremo dal piano superiore. Abbiamo portato una scala. Iniziamo da fuori e dipingeremo i muri esterni".

"Every wall has to be painted in white."

"Tutte le pareti devono essere dipinte di bianco".

"That's what we will do. I have a bucket that contains the paint, a brush and a roller. This way we can finish the house within one week."

"Ecco quello che faremo: Ho un secchio con dentro la vernice, un pennello e un rullo. In questo modo possiamo finire la casa entro una settimana".

"Tomorrow the inside walls have to be painted."

"Domani vanno dipinte le pareti interne".

"All for cash and no questions asked."

"Tutto in contanti senza fare domande".

47. The Recipe
La ricetta

"How do you prepare schnitzel?"
"Come prepari gli schnitzel?"

"First, I buy thin slices of beef."
"Prima compro delle sottili fettine di manzo".

"I pound them with the flat of my hand until they become really flat. I sprinkle both sides with salt and pepper. I prepare three plates. In the first, I put flour. In the second I put a beaten egg and in the third I have the breadcrumbs. I put the slices first into the flour, then in the egg and last I roll them in breadcrumbs."
"Le colpisco con il palmo della mano finchè non diventano molto piatte e condisco entrambi i lati con sale e pepe. Preparo tre piatti: nel primo metto la farina, nel secondo un uovo sbattuto e nel terzo metto il pangrattato".

"How do you cook it?"
"Come le cucini?"

"The meat will be pan fried 2 to 3 minutes on both sides."
"Bisogna farle rosolare in padella per 2/3 minuti su entrambi i lati".

48. Where Are You From?

Da dove vieni?

"Nice to see you again."
"Che piacere incontrarti di nuovo".

"Hello! It is a long time that we have seen each other."
"Ciao! Non ci vediamo da molto tempo".

"I forgot, May I ask, where were come from?"
"L'ho dimenticato… Posso chiederti da dove vieni?"

"I was born in Milan and grew up in Palermo, a city on the island of Sicily."
"Sono nato a Milano e cresciuto a Palermo, una città che si trova nell'isola della Sicilia".

"Is Palermo as big as Milan?"
"Palermo è grande come Milano?"

"No, but it is not a small city either. Palermo is beautiful and has an interesting history.
"No, ma non è neanche una città piccola. Palermo è bellissima ed ha una storia interessante".

"Please tell me more about Palermo"
"Per favore, dimmi di più su Palermo".

"There is a big harbor and it is known for its charming old town. Most tourists are visiting the opera house and the theatre Massimo.
Nowadays it is also an important university city.

Besides, the winters in Sicily are pleasant.
"C'è un grande porto ed è conosciuta per il suo affascinante centro storico. La maggior parte dei turisti visita il Teatro dell'opera e il Teatro Massimo.
Oggi è anche un'importante città universitaria. Inoltre, l'inverno in Sicilia è una stagione piacevole".

49. My Drivers License
La mia patente

"When did you make your drivers license?"
"Quando hai preso la patente?"

"I made my drivers license shortly after my 18th birthday.
"Ho preso la patente poco dopo aver compiuto diciotto anni".

"Is a driver's license valid all your life in Italy?"
"In Italia la patente è valida per tutta la vita?"

"Generally, our license is valid as long as you live."
"Generalmente la nostra patente è valida finchè si è in vita".

"What are you doing today?"
"Cosa farai oggi?"

"Today I am going to take the highway for the first time. I will drive my father's car. My father has a Masarati. But I will drive slowly and leave my beer bottles at home."
"Oggi prenderò l'autostrada per la prima volta. Guiderò la macchina di mio padre, lui ha una Maserati. Però guiderò piano e lascerò a casa le mie bottiglie di birra".
50. Appointment With The Doctor
Appuntamento con il dottore

La signora Castello has a very bad headache. The doctor examines her shoulder. He prescribes medication for her which she needs to take every day. The doctor also prescribes a list of activities. She must go to yoga regularly and do meditation.

La signora Castello ha un brutto mal di testa. Il dottore esamina la sua spalla e le prescrive dei medicinali da prendere ogni giorno. Le assegna anche un elenco di attività da fare: dovrà praticare yoga regolarmente e fare meditazione.

"Doctore, where does this headache come from?"
"Dottore, da dove viene questo mal di testa?"

"The headache comes from stress."
"Il mal di testa è causato dallo stress".

"What can I do to help it?"
"Cosa posso fare per farlo passare?"

"You have to do certain activities."
"Deve svolgere alcune attività".

"I don't have time. I have to cook for my family and I have a job at nighttime."
"Non ho tempo. Devo cucinare per la mia famiglia e lavoro di notte".

"What do you do?"
"Che lavoro fa?"

"I don't want to say."
"Non voglio dirlo".

"Medications alone won't help. You have to change your lifestyle."
"I medicinali da soli non l'aiuteranno, deve cambiare il suo stile di vita".

The woman performs the recommended activities for several days but the headache does not go away. After a week she goes to the doctor again.
La donna svolge le attività consigliate per diversi giorni ma il mal di testa non va via. Dopo una settimana va di nuovo dal dottore.

"Are you feeling better", the doctor asks
"Si sente meglio?", chiede il dottore.

"No, I am always getting a headache when I am nervous."
"No, quando sono nervosa torna sempre il mal di testa".

"Are you sleeping enough", he asks. She responds she doesn't know.
"Dorme abbastanza?", chiede. Lei risponde che non lo sa.

After a new medical examination, the doctor prescribes anti-anxiety tablets, stress tablets and valium for sleeping. At home the woman has a carton filled with tablets.
Dopo una nuova visita medica, il dottore le prescrive

degli ansiolitici, pasticche antistress e valium per aiutarla
a dormire. A casa la donna ha una scatola piena di
compresse.

50 Dialogue Short Stories for Intermediate and Advanced Students

51. **The Experiment**
L'Esperimento

A scuola, Sandra chiede ai suoi compagni: „E' vero che le persone anziane hanno un odore diverso?" La sua amica Gabi risponde, „Beh, hanno tutti un odore di marcio."

John ride. „No, solo le persone morte sanno di marcio. Le persone vecchie non sono già morte. Sono ancora vive."

Gabi ride sotto i baffi. „Va bene. Allora possiamo chiamarle mature. Ma, in realtà, non mi importa come chiamiamo i vecchi. Solo, non voglio stare vicino a loro."

John alza la mano. „Aspetta un attimo. Una volta ho visto un esperimento su YouTube. Dimostrava che le persone anziane non hanno un odore diverso. Gli scienziati hanno chiesto a tre gruppi di persone di dormire con la camicia: anziani, di mezz'età e giovani. Ogni persona doveva dormire con la stessa camicia per cinque notti, e le camicie non venivano lavate. Alla fine, hanno chiesto ai volontari di annusare le camicie. I volontari non sapevano quale camicia appartenesse a ciascun gruppo, ma tutti erano d'accordo nell'affermare che le camicie delle persone anziane avevano un odore migliore."

„Che tipo di volontari erano queste persone che volevano annusare le camicie dei vecchi?" chiede Sandra.

John: „Erano, ovviamente, dei vecchi in pensione."

52. **Smettere**
Quitting

Il mese prossimo Sammy compirà trent'anni. Il problema è che fuma sigarette da più di dieci anni. Ha provato ogni tipo di trucco o metodo per smettere di fumare. Nulla è stato d'aiuto e lui sa di aver bisogno di cure. Per caso, ha scoperto l'esistenza di alcune piccole isole disabitate appartenenti agli Stati Uniti al di sotto del confine canadese. Non ci sono traghetti e sembrano il posto ideale per smettere di fumare!
Dopo una settimana, Sammy è già sull'isola. Ha intenzione di rimanere lì una settimana, fino a quando la nicotina avrà abbandonato il suo corpo.
Appena arrivato, butta il suo ultimo pacchetto tra i cespugli. Dopo tre giorni Sammy si annoia a morte. Stranamente, trova una bottiglia di whiskey quasi piena tra i cespugli. Non ha niente di meglio da fare che bere whiskey. All'improvviso, inizia a sentire della musica! Dopo aver cercato la fonte, scopre un vecchio seduto di fronte ad una caverna intento ad ascoltare musica e fumare un sigaro.

„Cosa fai qui?" chiede Sammy.

Anche il vecchio sembra sorpreso.

„Sono qui per smettere di bere, e tu?"

„Sto provando a smettere di fumare. È tua questa bottiglia di whiskey?"

„Sì. E immagino che questo sia il tuo pacco di tabacco, vero?"

Sammy annuisce. Si sente molto sciocco. „Ascolta, posso avere indietro le mie sigarette?"

„Certo, se anche tu mi restituisci la mia bottiglia di whiskey."

Alla fine, i due uomini arrivano ad un accordo e continuano a fare le cose che facevano prima.

53. Social Media

Mi chiamo Nicole. L'aspetto della vita per me più importante è apparire e sentirsi bene, in salute. Essere bella è soltanto una parte del mio business. Pochi anni fa, ho creato un'attività online per la vendita di cosmetici e profumi. Per espandere i miei affari, uso diverse piattaforme di social media per farmi pubblicità, come Twitter e Facebook. In più, uso anche il potere dei social media più visivi; i miei preferiti sono Instagram e Pinterest. Cerco di spargere la voce su come le donne possano rimanere giovani e belle. La cosa interessante è che ho ricevuto tantissime richieste d'amicizia virtuali, sembra che tutti vogliano connettersi con me. Alla fine, molti dei miei clienti sono diventati anche degli amici, talvolta anche soci d'affari. Non mi sono mai pentita e non ho mai desiderato tornare al mio vecchio lavoro come addetta alle vendite. La mia vita, i miei amici e i miei soldi provengono dal mio business online.

"Qual è la tua piattaforma preferita?"
"Penso che sia twitter, lì posso inviare messaggi ai miei amici."
"Questo lo puoi fare anche su Facebook."
"Lo so. Io uso Instagram per mostrare le foto."

54. L'Ordine
The Order

Una coppia di inglesi è in vacanza a Rimini. Sono seduti in un ristorante in riva al mare e sono pronti per ordinare. Finalmente arriva il cameriere. Porta loro due menu e sparisce. La coppia dà un'occhiata ai menu e non ne rimane colpita. L'uomo si accorge che sul menu vi erano delle macchie secche di ketchup e lo scuote con disgusto. Il cameriere si prende tutto il tempo per servire gli altri clienti e torna poi al loro tavolo con due bicchieri e dell'acqua. Tiene i bicchieri mettendo le sue dita nei bordi, li poggia sul tavolo e sparisce un'altra volta. La donna dice al marito.

"Riesco a vedere le sue impronte sui bicchieri. È disgustoso. Puoi chiedere al cameriere di portarci degli altri bicchieri?"
"Ma se lo faccio il cameriere vorrà sapere perché e dovremmo discutere."
"Allora chiedigli se ci può portare due bottiglie d'acqua confezionate."
"Pagheremmo un extra per quello. Ma ho un'idea: penso che abbiamo ancora delle bottiglie d'acqua in macchina. Vado a prenderle."
"Ottima idea. Porta anche il sapone e uno straccio così puliamo il tavolo prima che torni il cameriere."

55. Mangiare In Stile Europeo
Eat In European Style

A differenza degli Stati Uniti, in molti stati europei un cliente può semplicemente entrare in un ristorante e scegliere tra i posti liberi quello che preferisce. Tuttavia, nei ristoranti di fascia più alta spesso non ci sono menu sui tavoli, quindi è necessario chiedere al cameriere di portartene uno. I camerieri di solito indossano una camicia bianca e dei pantaloni neri. Hanno anche un piccolo taccuino in cui annotare gli ordini.
Spesso una conversazione tra cliente e cameriere si svolge così:

Cameriere. „Buonasera, ha già scelto cosa ordinare?"
Cliente. „Vorrei una cotoletta e un'insalata, numero cinque sul menu."
Cameriere. „Benissimo. Da bere cosa preferisce?"
Cliente. „Solo dell'acqua minerale."
Cameriere. „Naturale o frizzante?"
Cliente. "Leggermente frizzante."
Cameriere. "Quindi le porto un'insalata, una cotoletta e un'acqua leggermente frizzante, giusto?"
Il cliente annuisce.
Dopo il pasto, il cliente chiede: "Il conto, per favore."

Lasciare la mancia è facoltativo e nella maggior parte dei paesi non è inclusa nel conto.

56. Una Semplice Insalata
A Simple Salad

Lisa lavora in un elegante ristorante di Londra. Ha iniziato due settimane fa. Quasi sempre lavora in cucina, ma quando il ristorante è pieno deve anche dare una mano come cameriera. Lo chef è molto conosciuto, quasi una celebrità; e oggi lavorerà in cucina da solo. Il servizio cena è iniziato e i primi ordini stanno arrivando. Lo chef grida a Lisa:

„Ho bisogno di un'insalata semplice Lisa!"

Lisa inizia immediatamente a prepararla. Per prima cosa taglia la lattuga e poi mischia l'insalata con dei cetrioli tagliati. Taglia anche un pomodoro in quattro pezzi, affetta una cipolla e aggiunge qualche oliva all'insalata. Alla fine, mescola tutti gli ingredienti e condisce con olio d'oliva, aceto, sale e pepe.

„L'insalata è pronta," grida Lisa.

Lo chef guarda il piatto, sbalordito.

„E questa la chiami una semplice insalata?"

57. Ragazza Alla Pari In Inghilterra
Au Pair in England

I genitori italiani di Nicole avevano delle buone
intenzioni con la loro figlia. Volevano mandarla in
Inghilterra come ragazza alla pari per imparare l'inglese.
Un'agenzia aveva pianificato l'alloggio per Nicole
presso una famiglia inglese.
L'agenzia ha chiesto ai genitori un mucchio di soldi per
un mese di soggiorno; ma a loro non importava perché
l'educazione della figlia era la cosa più importante.
Nicole era molto emozionata perché non era mai andata
all'estero; ed imparare una nuova lingua le sarebbe
piaciuto tantissimo. Quando Nicole partì per l'Inghilterra
era il mese di agosto.
Tuttavia, al suo arrivo, Nicole trovò una brutta sorpresa.
Non le era permesso fare telefonate e a casa non c'era
una connessione internet. Pertanto, Nicole andò
all'ufficio postale per spedire un messaggio ai suoi
genitori. Alla fine, Nicole tornò in Italia prima che la sua
famiglia lo ricevesse. I suoi genitori erano molto contenti
di rivedere di nuovo la loro figlia e ovviamente volevano
sapere se Nicole adesso fosse in grado di parlare inglese
fluentemente.
La figlia spiegò loro: "No, non ho imparato l'inglese
visto che la famiglia ospitante parlava più hindu che
inglese. Erano degli immigrati indiani."
"Questo significa che tutto il viaggio è stato inutile,"
affermò la madre. "No, affatto", rispose la figlia.
"Adesso so cos'è il pesce Masala."

58. **La Mia Migliore Amica**
My Best Friend

Io e Angela siamo amiche dal liceo. Oggi, dopo cinque anni, ci sentiamo ancora regolarmente anche se viviamo in città diverse. Quando ci succede qualcosa di importante, siamo sempre pronte a supportarci a vicenda. Entrambe abbiamo intenzione di continuare a studiare in un'università ben precisa. Sarà il modo perfetto per tornare a sostenerci. I miei punti di forza sono sempre stati la matematica e la fisica, mentre la mia amica preferisce le lingue e l'arte. In un modo o nell'altro, so sempre quello che lei non sa e viceversa. A volte ci siamo anche date conforto in momenti di ansia o rabbia. Ho dovuto calmarla molte volte, soprattutto quando aveva problemi con il suo fidanzato. Il punto è che abbiamo un'amicizia davvero indistruttibile che spero sopravviva a qualunque cosa.

"Ciao, bello parlarti di nuovo."
"Ciao, finalmente possiamo chattare."
"Mi mancavi. Ancora di più."
"Restiamo in contatto."

59. **Prima Volta In Inghilterra**

First Time in England

Questa mattina sono finalmente arrivato in Inghilterra per la prima volta, in aereo. Starò qui per circa un anno. Sono venuto per cercare lavoro. Sembra che questo paese sia organizzato molto bene. Ci sono tanti mezzi pubblici a disposizione e le strade sono pulite. Le macchine circolano sul lato sinistro della strada. Anche i supermercati sono ben forniti. Penso che gli inglesi siano delle persone molto educate. Ho notato la loro cortesia nell'aspettare con pazienza in fila il proprio turno e nello scusarsi in ogni occasione. Sembra essere qualcosa di molto comune. Anche in Italia le persone sono gentili, ma più calorose.

"È la tua prima volta in Inghilterra?"
"Sì e probabilmente la mia ultima volta."
"Perché, non ti piace qui?"
"Fa troppo freddo, preferisco l'Italia."

60. **Il Bancomat**
The ATM

Domani inizia il fine settimana. Voglio pagare in contanti al supermercato e dopo andare al cinema. Prima di questo, devo andare al bancomat per prelevare il denaro.
Come prima cosa, inserisco la mia carta. Un messaggio appare subito sullo schermo con l'invito a digitare il mio codice segreto. Il codice, chiamato anche PIN, è composto da quattro numeri. Fatto ciò, ottengo l'accesso al mio conto. Sullo schermo posso vedere anche il saldo del conto. Decido di prelevare cinquanta euro. Dopo aver ritirato i soldi, devo riprendere la mia carta. Alla fine, ottengo una ricevuta.

"Scusami, sai come funziona questo bancomat?"
"Devi prima inserire la carta."
"Puoi mostrarmi, non capisco la tecnologia."

Italian Short Stories for
Advanced Italian Readers

61. **Alcolisti**
Alcoholics

Al giorno d'oggi molte persone bevono troppi alcolici.
In tutto il mondo esistono milioni di alcolisti. È per
questo che molte persone muoiono a causa di malattie
legate al consumo di alcool, come la cirrosi epatica.
Nonostante ciò, sembra che tutti bevano alcolici in un
modo o nell'altro. È un comportamento socialmente
accettato, quindi la domanda è: quanto può essere
realmente dannoso l'alcool? La maggior parte dei dottori
ed esperti in materia è concorde nell'affermare che è la
quantità giornaliera a fare la differenza maggiore. Un
consumo eccessivo di alcool può danneggiare molti
organi, specialmente il cervello, lo stomaco e l'intestino.
Ci sono molte ragioni che spingono qualcuno a diventare
un alcolista. Gli psicologi hanno scoperto che uno dei
motivi per cui qualcuno decide di attaccarsi alla bottiglia
è legato al senso di solitudine e di frustrazione.
Sconfiggere la dipendenza può essere molto difficile, ma
non impossibile. Molti alcolisti possono curarsi
riducendo le quantità di alcool o smettere del tutto
cambiando i propri comportamenti, ma anche un dottore
può aiutare attraverso una terapia specifica. Un ruolo
speciale può essere svolto dal supporto degli amici o
della famiglia.

62. **Tagliare Il Cavo**
Cutting The Cord

Nel corso degli anni il nostro abbonamento alla
televisione via cavo è diventato più un peso che un
piacere. Non siamo ricchi, in realtà dobbiamo tenere
conto di ogni dollaro che, con attenzione, spendiamo.
Uno dei lussi più superflui che ci siamo concessi è stata
proprio la TV via cavo. I nostri figli la amano e mio
marito guarda lo sport e il telegiornale tutto il tempo.
Tuttavia, le nostre bollette mensili stanno
pericolosamente raggiungendo il confine dei 200 dollari,
qualcosa che non possiamo più ignorare. Dato che
nessuno nella nostra famiglia è molto bravo con la
tecnologia moderna, ho dovuto fare un pò di ricerche. La
TV in streaming mediante una chiavetta sembra fare al
caso nostro. Ho convinto mio marito a comprare una
smart TV e un piccolo dispositivo chiamato Roku. Da
quel momento, tutti guardiamo la TV sui canali in
streaming come Sling, PlayStation Vue e altri; come
risultato, stiamo risparmiando davvero molto denaro.
Certo, niente nella vita è gratis. Dobbiamo pagare questi
canali ogni mese ma sono molto più economici della
televisione via cavo.
Morale della favola è che questa tecnologia piuttosto
nuova è più economica e ci rende anche liberi da quel
bombardamento costante delle pubblicità.

.

63. **L'eremita dalla Trentino**
The Hermit From Tretino

La gente dice che Michael Colombo è un eremita. Ma è solo parzialmente vero.
La verita è che lui vive abbandonato nelle pianure della Trentino, lontano da ogni città.

Un eremita è anche povero di beni materiali e questo si può applicare a Michael. Nessun radiatore elettrico e nemmeno elettricità. Ma può ottenere elettricità per cucinare perché ha una stufa davanti alla sua casa dove ha installato un generatore.

C'è abbastanza acqua; nel retro della sua dimora l'acqua filtrava dal tetto e lungo il muro fino a sparire nel pavimento. Però era ben equipaggiato nel resto.

Un grosso letto, un guardaroba, una toilet realizzata a mano, uno stereo, una Tv a colori e per il suo computer ha installato una connessione satellitare. Per caricare I suoi dispositivi si recava in biciletta dai vicini.

Una volta a settimana guidava in biciletta fino al villaggio, che distava 10 miglia, dove faceva una piccola spesa nel supermarket. Michael aveva un sogno, voleva una toilet moderna e, più importante, una vera finestra panoramica.

Questo era il problema, la sua dimora aveva diverse piccole entrate e all'ingresso una grossa entrata di 5 metri. L'entrata era quasi sempre aperta, perchè non c'era una porta adatta e della plastica non aiutava se pioveva o se era freddo.

Ma la vista fuori da quell'entrata enorme è fantastica. Michael viveva circondato da montagne e boschi e da li poteva vedere la vallata e le montagne opposte. Il panorama ispirava Michael.

Si sentiva ancora giovane e un giorno voleva diventare un architetto. E se non ci fosse riuscito forse scrittore o artista.

Un altro problema è che nessuna porta o finestra riempiono la forma inusuale di questa entrata.Amici lo hanno visitato ma anche per loro la situazione era difficile.

Loro dicono che è impossibile installare una finestra panoramica li, dato che Michael sta vivendo in una cava dove diecimila anni prima orsi e uomini primitivi vivevano.

64. **Il Mercante D'Arte**
The Art Dealer

In passato Werner Schultz fu un attore teatrale. Era molto conosciuto a Berlino ed era anche riuscito ad ottenere un ruolo importante in una serie televisiva in cui recitava il ruolo di criminale fidato.

Il signor Schultz non era apparentemente mai stato povero e si era sempre interessato molto all'arte e all'antichità.
Adesso che aveva più di cinquant'anni, riceveva ormai poche offerte di lavoro in film o spettacoli teatrali. Ma il signor Schultz era diventato abbastanza famoso anche come pittore d'arte.

Si può dire che il signor Schultz fosse un vero artista e un grande esperto d'arte, poiché possedeva un'ampia conoscenza di questo settore, soprattutto dei quadri antichi. Era ben informato sugli Impressionisti del diciannovesimo secolo. Dopo molti anni come artista, attore ed esperto di piuttura, il signor Schultz era ormai considerato sempre il benvenuto in molti negozi e gallerie. Il signor Schultz comprava numerosi dipinti ad olio di valore nei negozi di antiquariato e nelle gallerie d'arte.
Ma la sua fama di essere un ottimo fornitore era anche più vasta. La qualità dei suoi quadri e la merce che offriva ai venditori erano eccezionali.

Un giorno i giornali hanno scritto che il famoso

mercante d'arte ed attore Werner Schultz era morto. Nessuno sapeva che fosse morto, visto che il signor Schultz non aveva parenti, perciò i giornalisti stavano cercando degli amici o dei familiari.

Di recente, i giornalisti hanno infine trovato quello che stavano cercando. Il signor Schultz era un parente lontano di Hermann Göring.

65. Pasqua
Easter

La Pasqua in Italia, Inghilterra e, più in generale, in Europa, è una festività che coinvolge tutta la famiglia. Il Venerdì Santo in campagna si fanno spesso dei falò dove la famiglia e gli amici si riuniscono per una grigliata e, talvolta, si ascolta anche un po' di musica. La Pasqua è davvero una tradizione in molti paesi.

Per i bambini, in realtà, è la mattina di Pasqua il giorno più importante della festa. Nelle prime ore del mattino essi amano dipingere le uova sode e nasconderle nei cespugli. Per gioco iniziano poi a cercare le uova nascoste, ma non tutte vengono trovate. Anche settimane dopo Pasqua, succede spesso che il terreno inizi a puzzare di uova marce che non erano state trovate.

66. Grandi Prestasoldi - Grandi Spendaccioni
Big Lenders - Big Spenders

Dopo il lavoro vado spesso in un pub. Di solito ordino una birra grande e, se sono fortunato, guardo una partita di football. La maggior parte degli uomini che frequenta il pub sono clienti abituali, e alcuni di loro li conosco personalmente. È7sempre affascinante per me scoprire le loro storie. C'è un cliente che credo venga qui ogni giorno da anni. Ama parlare di sè; di quanto sia un uomo di successo e di quanto sia ricco. Un giorno mi chiede un favore. Mi chiede di prestargli 50 sterline. Di solito non sono una persona che presta denaro molto facilmente. Ad ogni modo, egli mi ha detto che me li avrebbe restituiti il giorno dopo quindi gli ho dato i soldi. La sera seguente è arrivato al pub e mi ha restituito il denaro senza fare storie. Passa una settimana, e lo stesso cliente mi chiede nuovamente dei soldi. Glieli do per la seconda volta, aspettandomi di riaverli indietro il giorno dopo, come la volta scorsa. Stranamente la sera seguente l'uomo non si è presentato. Ho chiesto al barista e agli altri clienti se qualcuno lo avesse visto. Sono rimasto sbalordito quando ho scoperto che ieri l'uomo aveva chiesto denaro in prestito a molte persone, talvolta anche centinaia di sterline. Noi gliele abbiamo date perché la prima volta ci aveva ripagati. Ciò nonostante, non abbiamo mai più visto quell'uomo.

67. Ti ho incontrato nella sauna

I Met You In The Sauna

Signor Rossi è un uomo d'affari. Possiede un piccolo
ristorante alla stazione e vende pasta
Ha molti clienti fissi perchè alla maggior parte dei clienti
piacciono i suoi piatti.

Nel dopo-lavoro lui frequenta una sauna per calmarsi e
rilassarsi.
Una volta signor Rossi si recò nella sauna. Questa è una
specialità della sauna assieme al bagno turco che può
essere trovata nella maggior parte delle città. Sono dotate
di saune e piscine.

Quel giorno la temperatura della sauna era molto alta.
signor Rossi stava già sudando seduto sulla panchina
della sauna quando la porta si aprì. Un uomo entrò e
Rossi lo riconobbe subito. Era un cliente. Ad ogni modo,
a lui non piaceva quel cliente. Una volta il cliente lo
denunciò perchè pensava che il cibo fosse sporco. L'altro
uomo riconobbe Signor Rossi.

L'uomo sorrise: "Buonasera, signor Rossi, come stà?"
"Va tutto bene, grazie" rispose signor Rossi.
"Sudare pulisce il corpo." disse l'uomo.
signor Rossi ne aveva abbastanza e lasciò la sauna.

Si fece una doccia. Questa volta signor Rossi fece una
doccia lunga, perchè era stato infastidito da quell'uomo.
Dopo la doccia signor Rossi andò nello spogliatoio, una
grossa stanza piena di armadietti. Gli asciugamani erano

appesi a un gancio, signor Rossi si asciugò,
l'asciugamano era bagnato ma si sentiva meglio adesso.

Signor Rossi si allontanò lentamente dalla sauna. Il
cliente, che aveva incontrato nella sauna, era in piedi
sulla porta. L'uomo fissava signor Rossi e sorrideva:
"Scusate, signor Rossi, ma avete usato e preso il mio
asciugamano!"
Signor Rossi scosse la testa. "No, non credo."
"Per favore, controlli nella borsa." disse l'uomo.
Signor Rossi aprì la borsa e tirò fuori l'asciugamano.
L'altro uomo sorrise "Guardi li, nell'angolo
dell'asciugamano ho scritto delle lettere con una penna
nera.
"A.H" disse signor Rossi.
"Sono io" disse l'uomo.
Signor Rossi diede l'asciugamano all'uomo. Dopo questo
episodio non visitò più la sauna.

68. **Il tesoro nei boschi**
The Treasure in The Woods

Toni Bianchi è una persona romantica. Nonostante avesse 18 anni all'epoca era più interessato ai libri di storia piuttosto che alle ragazze, a differenza di amici e compagni di classe.

Quando non dormiva o non era impegnato con I compiti di solito sonnecchiava sul sofà sognando di avere tanto soldi. Un pomeriggio si addormentò sul divano. Ebbe un sogno reale. Sognò di aver trovato un tesoro su un isola.

Appena trovò il forziere lo aprì e una piccola nube di fumo uscì. La nuvola diventò una bocca e una vecchia voce disse: Svegliati, vai nella foresta, troverai la mappa li. La mappa sarà sepolta sotto un becchio pino. Scava dove vedrai del fumo, è una mappa del tesoro. Pupi diventare ricco se trovi la mappa. Il fumo si avvicinò alla sua faccia e Toni non riuscì più a respirare e pensò di finire strozzato.

Toni ricordava che quel giorno era Domenica e era già pomeriggio.
Era già autunno, la nebbia riempiva il paesaggio. Dietro la casa un sentiero portava alla foresta. Seguì la traccia e prima di 100 metri aveva già visto il pino e dietro poteva vedere del fumo bianco che saliva al cielo.

Toni scavò nel terreno e trovò un tubo. All'interno trovò una pergamena arrotolata. Sembrava una mappa

Buddista o una pergamena. La arrotolò e tornò a casa.
Il giorno dopo andò diretto dopo a scuola a un negozio,
dove acquistavano oro e altri oggetti di valore. Non
ottenne denaro per la mappa.

Toni tornò a casa, si sdraiò sul divano e si addormentò.
Sognò che non avrebbe più avuto bisogno di denaro.
Quando si svegliò guardò sorridendo la mappa del
tesoro. I soldi e il tesoro non erano più importanti per lui.
Toni is a dreamy young man. One day he dreams that
he'll find a treasure. When he wakes up he tries to find
the treasure. Instead he finds a religious scroll in the
woods. Afterwards he doesn't want to find any treasure
and doesn't want to be rich anymore.

69. Il Formaggio Puzza Da Tutti I Lati
The Cheese Stinks From All Sides

Harold Johnson si era innamorato. Da alcune settimane aveva una nuova fidanzata; una donna che aveva conosciuto in biblioteca e che gli aveva detto che la mattina lavorava al mercato contadino, presso il banco dei formaggi.

Il signor Johnson aveva molto tempo libero durante il pomeriggio, trascorreva la maggior parte delle sue ore libere in biblioteca.

Il signor Johnson e la donna avevano un hobby in comune. Entrambi amavano leggere libri di letteratura classica e di cucina. Una volta, il signor Johnson invitò la donna a casa sua per bere un bicchiere di vino. Fu così che diventarono una coppia.

Tuttavia, la loro relazione non era di certo priva di problemi. Il signor Johnson non apprezzava l'odore della donna. Le disse abbastanza apertamente che puzzava di formaggio. Il signor Johnson credeva che, ogni volta che la donna veniva a trovarlo, la sua intera casa puzzasse di formaggio.

Lei gli spiegò che l'odore che sentiva doveva necessariamente provenire da qualcos'altro. Alla fine, gli confessò che quando si erano incontrati per la prima volta lei gli aveva detto di avere quel lavoro perché si vergognava di ammettere di essere disoccupata. Il signor

Johnson fu felice di sentirlo. Spiegò dunque alla donna che, in realtà, lui non era un pensionato come le aveva detto all'inizio.

Il signor Johnson continuava a non capire perché lei puzzasse sempre di formaggio.
"Quindi qual è il tuo vero lavoro", chiese il signor Johnson alla donna.
"Sono disoccupata ma faccio massaggi ai piedi" disse lei.
"Ecco spiegato quell'odore", replicò il signor Johnson.
"E tu cosa fai per vivere", chiese la donna.
"Lavoro in una fattoria nella stalla dei maiali, ma per fortuna soltanto la mattina."

70. L'eremita dalla Trentino
The Hermit From Trentino

La gente dice che Michael Colombo è un eremita. Ma è solo parzialmente vero.
La verita è che lui vive abbandonato nelle pianure della Trentino, lontano da ogni città.

Un eremita è anche povero di beni materiali e questo si può applicare a Michael. Nessun radiatore elettrico e nemmeno elettricità. Ma può ottenere elettricità per cucinare perché ha una stufa davanti alla sua casa dove ha installato un generatore.

C'è abbastanza acqua; nel retro della sua dimora l'acqua filtrava dal tetto e lungo il muro fino a sparire nel pavimento. Però era ben equipaggiato nel resto.

Un grosso letto, un guardaroba, una toilet realizzata a mano, uno stereo, una Tv a colori e per il suo computer ha installato una connessione satellitare. Per caricare I suoi dispositivi si recava in biciletta dai vicini.

Una volta a settimana guidava in biciletta fino al villaggio, che distava 10 miglia, dove faceva una piccola spesa nel supermarket. Michael aveva un sogno, voleva una toilet moderna e, più importante, una vera finestra panoramica.

Questo era il problema, la sua dimora aveva diverse piccole entrate e all'ingresso una grossa entrata di 5 metri. L'entrata era quasi sempre aperta, perchè non c'era una porta adatta e della plastica non aiutava se pioveva o se era freddo.

Ma la vista fuori da quell'entrata enorme è fantastica. Michael viveva circondato da montagne e boschi e da li poteva vedere la vallata e le montagne opposte. Il panorama ispirava Michael.

Si sentiva ancora giovane e un giorno voleva diventare un architetto. E se non ci fosse riuscito forse scrittore o artista.

Un altro problema è che nessuna porta o finestra riempiono la forma inusuale di questa entrata.Amici lo hanno visitato ma anche per loro la situazione era difficile.

Loro dicono che è impossibile installare una finestra panoramica li, dato che Michael sta vivendo in una cava dove diecimila anni prima orsi e uomini primitivi vivevano.

71. Una Cartolina Dal Costa Rica
A Postcard From Costa Rica

La signora Leone ha chiesto agli operai di riparare il suo impianto di riscaldamento. La signora Leone vive da sola ed è felice quando finalmente, intorno a mezzogiorno, gli uomini arrivano. La squadra è formata soltanto dal capo e da un apprendista. Gli uomini iniziano a lavorare e finalmente trovano la valvola rotta. Il capo vuole mostrare il pezzo rotto alla signora Leone e spiegarle alcune cose, ma la signora sorprende l'uomo con dei bicchierini di Amaretto per fare una pausa.
Lei alza il bicchiere, "Signori, prima di continuare, bevete qualcosa." Dopo cinque minuti, la signora ritorna e insiste per fare un altro giro. Gli uomini obbediscono e bevono. Alla fine il capo ordina all'apprendista di tornare in ufficio per prendere un pezzo di ricambio. Quando, dopo più di un'ora, l'apprendista torna a casa della signora Leone, nessuno risponde alla porta. Il giorno seguente il capo non si presenta in ufficio. Era sparito! Dopo circa una settimana, in ufficio arriva una mail; tra le altre cose, vi era una cartolina da parte del capo. Proveniva dal Costa Rica e il capo faceva sapere ai suoi operai che si trovava in luna di miele con la signora Leone.

72. **Una Stella Michelin Non Basta**
One Michelin Star is Not Enough

I due fratelli, Marco e Luigi, sono dei ristoratori professionisti, formatisi in una scuola alberghiera in Svizzera. Entrambi hanno già lavorato in ristoranti italiani ben avviati, costruendosi anche un'ottima reputazione.

Dieci anni fa hanno aperto il loro ristorante a Londra. Il locale è andato bene sin dall'inizio, e ci sono voluti soltanto pochi anni prima che venisse premiato con la sua prima Stella Michelin. Il ristorante diviene quindi molto famoso; e neanche due anni dopo i due ristoratori ricevono una seconda Stella Michelin.

L'anno scorso, i fratelli hanno aperto un secondo ristorante in un'altra zona della città. Qualche mese fa è successa una cosa del tutto inaspettata. I due fratelli hanno scoperto che il loro primo ristorante aveva ricevuto soltanto una Stella Michelin; la seconda gli era stata tolta per motivi sconosciuti.

Un amico che lavora per una rivista di ristoratori ha rivelato ai fratelli che avevano perso una stella perché trasportavano la loro zuppa in sacchetti di plastica da un ristorante all'altro.

I fratelli erano davvero sconvolti. Tutto quello che potevano fare era provare a migliorare la loro attività e sviluppare nuove tecniche pubblicitarie. Ma, in qualche modo, la notizia che il ristorante trasportava le zuppe all'esterno mediante delle buste in plastica era trapelata tra il pubblico.

Un giorno essi notarono un improvviso aumento nei loro affari. Arrivavano più ordini di quanti se ne aspettassero; i clienti entravano e chiedevano delle zuppe a portar via.

Sembrava che ogni giorno arrivassero sempre più richieste di zuppe.
Sembrava che il piatto più venduto, adesso, fossero le zuppe. I fratelli sono convinti che le notizie negative sul ristorante abbiano fatto davvero bene alla loro attività.

73. AirBnB, L'Ombra Misteriosa E Una Rivoltella
AirBnB, the Mysterious Shadow And a Revolver

Anna adora AirBnB, è già la terza volta che trascorre le vacanze in un appartamento con AirBnB sul lago di Garda.

Anna ha affittato un ampio appartamento per un mese, il proprietario passa la maggior parte del tempo nella sua camera, guardando la televisione. Una notte, tornando a casa, sente che la televisione della stanza del proprietario era sparata a tutto volume.

Anna bussa alla porta ma non risponde nessuno. Apre la porta, entra e lancia un urlo. Fissa l'uomo seduto sul divano. Gli occhi e la bocca sono spalancati. La sua testa è coperta di sangue. In una mano tiene una rivoltella, gli hanno sparato.

Secondo la polizia è chiaramente suicidio e il corpo viene portato via velocemente.

Anna non poteva tornare a casa, perché non era possibile cambiare il suo volo, quindi decide di trascorrere il resto delle sue vacanze in quell'appartamento. Ma niente è più come prima. La notte Anna non riesce a dormire. Per riuscire a prendere sonno, Anna fuma una canna prima di andare a letto. Una notte si sveglia e vede una grande ombra avvicinarsi al suo letto. Anna non riesce a muoversi o ad urlare. L'ombra si china su di lei e si sdraia sul suo corpo.

Il buio. Di colpo, la luce del sole splende dalla finestra.

Anna si sveglia e si sente male. È depressa. Era stato un
incubo? Vede qualcosa di nero sul comodino. Prende
l'oggetto e sembrava abbastanza pesante. La riconosce
subito, è la rivoltella di quell'uomo.

74. l Lotto Di Terreno
The Allotment

Come forse molti non sanno, la cultura tedesca è conosciuta anche per i suoi lotti di terreno. Fuori dalle grandi città, molte persone possiedono dei piccoli pezzi di terra, che consistono in un modesto giardino e in una piccola baracca. Molti di questi terreni formano spesso una piccola colonia.

La maggior parte dei proprietari sono dei pensionati che ricorrono a questo sistema per fuggire dai centri urbani. Uno di questi è Wolfgang Alfonsi, un pensionato di Amburgo. Nel suo giardino, egli ha costruito un piccolo laghetto. È molto fiero dei pesciolini rossi che nuotano in quelle acque. A dir la verità, il signor Alfonsi non ha famiglia e ama davvero i suoi pesci. Ha anche dato un nome ad ognuno di essi.

Un giorno, il signor Alfonsi fa un salto al suo terreno e scopre alcuni pesci morti in superficie. Non c'è alcuna spiegazione per quanto accaduto. Tuttavia, il signor Alfonsi è molto triste e decide di vendere il suo appezzamento di terra. Stranamente, nessuno vuole comprarlo. Per fortuna, alla fine un vicino decide di acquistare il terreno ad un prezzo davvero molto basso.

Il vicino è molto felice del suo nuovo lotto e se ne prende cura con passione. Dopo un po' di tempo, le condizioni del terreno sono ottime. Il giardino è in fiore e il laghetto è pieno di pesci.

Di tanto in tanto, il signor Alfonsi torna a far visita al suo vecchio pezzo di terra, giusto per vedere cosa sia cambiato. Il signor Alfonsi è un po' geloso e vorrebbe riutilizzare il suo terreno.
Un giorno, inaspettatamente, vengono trovati diversi pesci morti sulla superficie del laghetto, per la seconda volta.

Poco tempo dopo, il nuovo proprietario del terreno riceve una lettera dal signor Alfonsi. Essa diceva che lui, il signor Alfonsi, desiderava usufruire del lotto nei fine settimana.

Se gli fosse stato concesso di utilizzarlo gratuitamente, egli si sarebbe occupato del problema dei pesci e avrebbe garantito che mai nessun pesce sarebbe più morto in futuro. Affermava, invece, che se questa richiesta fosse stata negata, immaginava già che i problemi si sarebbero aggravati.

75. **Storia – I Primi Esseri Umani**
History - The First Humans

La maggior parte degli studiosi è oggi concorde nell'affermare che, secondo il modello di "origine africana", tutta o gran parte della diversità genetica umana dell'età moderna esistente sul pianeta possa essere fatta risalire ai primi esseri umani anatomicamente moderni che hanno lasciato l'Africa.

Il primo Homo Sapiens è comparso in Africa nord-orientale, all'incirca 70 mila anni fa, e per almeno 40,000 di quegli anni essi procacciavano quasi tutto il cibo mediante la caccia e la raccolta.

Questa specie emigrò poi dall'Africa lungo la linea costiera della penisola arabia fino all'Asia meridionale e sud-orientale, raggiungendo infine il Pacifico e l'Australia. Circa 50 mila anni fa i primi umani moderni, una sottospecie dell'Homo Sapiens, si spostarono dall'Africa all'Asia Minore, e attraverso il Caucaso verso l'Europa; questo per quanto concerne la storia degli umani moderni che hanno raggiunto l'Europa centrale circa 40 anni fa. Gli umani migrarono anche verso le Americhe, più o meno 15 mila anni fa; la maggior parte di essi passò attraverso il ponte continentale, chiamato oggi Bering Strait.

Il decimo secolo AC vide l'invenzione dell'agricoltura e l'inizio della storia antica.

Il Neolitico o Età Della Pietra fu un periodo di grande sviluppo della tecnologia umana, inclusa la comparsa nel 10,200 AC di alcuni strumenti primitivi. I gruppi di cacciatori e raccoglitori di quell'epoca avevano accesso a beni e strumenti che i preistorici non possedevano; ciò era dovuto soprattutto al commercio con le tribù vicine e con le prime società agricole. La maggior parte dei cacciatori e raccoglitori moderni sapeva già forgiare il ferro, creare degli strumenti per cacciare o tagliare fatti di pietra e ossa, in grado di rendere sicuramente più semplici le attività agricole e la caccia.

Humorous International Short Stories for Readers With Advanced Italian Abilities

76. **Dialogo – Cos'è la Cultura?**
Dialogue - What is Culture?

Sono seduto con alcuni studenti in un bar a Roma.
Si tratta di un incontro internazionale.
Americani, Italiani e Tedeschi seduti allo stesso tavolo
che discutono.
L'Americano chiede, „Cosa significa davvero cultura nel
tuo paese?"
Rispondo, „Quel termine può indicare parecchie cose.
Letteratura, teatro, arte o addirittura il modo in cui
parliamo, incluso il modo in cui ci si comporta."
„Comprende anche il comportamento?" chiede
l'Americano.
„Il comportamento inteso in termini generali,
probabilmente è una parte di essa", afferma il Tedesco.
„Quindi ciò significa che quando io mi comporto bene
dimostro di avere cultura," chiede l'Americano
sorridendo.
„Più o meno," rispondo. „Ma anche l'educazione e le
buone maniere potrebbero denotare cultura"
„In Italia è possibile dire che io ho cultura e tu invece
no?" chiede l'Americano.
„No, sarebbe arrogante", affermo io.

77. **Il Lotto Di Terreno**
The Alottment

Come forse molti non sanno, la cultura tedesca è
conosciuta anche per i suoi lotti di terreno. Fuori dalle
grandi città, molte persone possiedono dei piccoli pezzi
di terra, che consistono in un modesto giardino e in una
piccola baracca. Molti di questi terreni formano spesso
una piccola colonia.

La maggior parte dei proprietari sono dei pensionati che
ricorrono a questo sistema per fuggire dai centri urbani.
Uno di questi è Wolfgang Alfonsi, un pensionato di
Amburgo. Nel suo giardino, egli ha costruito un piccolo
laghetto. È molto fiero dei pesciolini rossi che nuotano in
quelle acque. A dir la verità, il signor Alfonsi non ha
famiglia e ama davvero i suoi pesci. Ha anche dato un
nome ad ognuno di essi.

Un giorno, il signor Alfonsi fa un salto al suo terreno e
scopre alcuni pesci morti in superficie. Non c'è alcuna
spiegazione per quanto accaduto. Tuttavia, il signor
Alfonsi è molto triste e decide di vendere il suo
appezzamento di terra. Stranamente, nessuno vuole
comprarlo. Per fortuna, alla fine un vicino decide di
acquistare il terreno ad un prezzo davvero molto basso.

Il vicino è molto felice del suo nuovo lotto e se ne
prende cura con passione. Dopo un po' di tempo, le
condizioni del terreno sono ottime. Il giardino è in fiore
e il laghetto è pieno di pesci.

Di tanto in tanto, il signor Alfonsi torna a far visita al
suo vecchio pezzo di terra, giusto per vedere cosa sia
cambiato. Il signor Alfonsi è un po' geloso e vorrebbe
riutilizzare il suo terreno.
Un giorno, inaspettatamente, vengono trovati diversi
pesci morti sulla superficie del laghetto, per la seconda
volta.

Poco tempo dopo, il nuovo proprietario del terreno
riceve una lettera dal signor Alfonsi. Essa diceva che lui,
il signor Alfonsi, desiderava usufruire del lotto nei fine
settimana.

Se gli fosse stato concesso di utilizzarlo gratuitamente,
egli si sarebbe occupato del problema dei pesci e avrebbe
garantito che mai nessun pesce sarebbe più morto in
futuro. Affermava, invece, che se questa richiesta fosse
stata negata, immaginava già che i problemi si sarebbero
aggravati.

78. **La Donna Ubriacona**
The Drunken Woman

La gente di Chieti pensava che Marta provenisse da una città insignificante nel centro del regione Abruzos.

La gente diceva anche che parlava con un accento strano e sostenevano che provenisse dalla Romania.

A volte Marta andava al ristorante per mangiare e c'era tutto a parlare di lei; A volte lei poteva anche sentire la gente diceva che vive con la sua figlia adulta, una giovane donna che presunto va a Londra la prossima estate per studiare

Era anche noto che Marta possedeva un bassotto chiamato Max, con cui avrebbe fatto una passeggiata almeno una volta al giorno. La maggior parte delle persone pensava che non funzionasse. Marta aveva un segreto aperto, amava bere il vino. Una o due bottiglie di vino rosso al giorno e preferiva bere il vino da solo.

Nel primo pomeriggio iniziava a bere e finiva a sera inoltrata. Meglio di andare nel pub e perdere la reputazione li, pensava. Aveva perso la sua reputazione perchè nel locale supermarket Aldi la si poteva vedere regolarmente con un carrello pieno di bottiglie di vino.

Quello che incuriosiva la città era quello che faceva e perchè voleva vivere da sola.
Spesso sembrava fare un viaggio.

Un giorno prima di natale un veicolo nero era parcheggiato davanti a casa sua. Uomini e donne in uniforme. Era la polizia? Non lo sappiamo.

Alcuni giorni dopo un altro veicolo parcheggiò di fronte alla porta. Questa volta era un Van bianco. Marta indossava occhiali da sole in una buia giornata invernale ed entrò frettolosamente nel veicolo e la macchina sparì. Un vicino dichiarò che la targa aveva una targa straniera con una piccola bandiera blu e bianca sopra.

79. **Un Pensionamento Tranquillo**
A Quiet Retirement

Il signor Logan è un agente di commercio internazionale.
Gira il mondo per vendere dei software per computer.
L'azienda per cui lavora è ritenuta tra le migliori
compagnie del settore. In realtà, le più grandi compagnie
del mondo come Exxon Mobile, BMW, Thyssen,
Siemens e anche Airbus rientrano nella sua base di
clienti. Anche se il signor Logan guadagna molto bene,
vorrebbe aprirsi un'attività in proprio. Il signor Logan
sta per prendere una decisione che gli cambierà la vita.
Decide di lasciare l'azienda per iniziare una sua attività.
Vuole vendere prodotti provenienti da compagnie
diverse e per iniziare decide di far ricorso ai suoi vecchi
contatti. Purtroppo, le cose non vanno affatto come si
aspettava. I suoi vecchi clienti non accettano i nuovi
prodotti, preferiscono invece continuare a fare affari con
la sua vecchia azienda. Per fortuna, il signor Logan
aveva risparmiato una quantità di denaro sufficiente per
andare in pensione in tranquillità.

80. **Un Nuovo Mondo**
A New World

Ancora oggi, Ben Iglesias non riesce a spiegarselo. Cosa
era successo davvero? La sua vita non era peggiorata
rispetto al passato. Ma la cosa strana era che quella
sensazione di non appartenere a questo posto non era
affatto sparita. Ad ogni modo, ciò non era più importante
ormai.

Tutto è cominciato con il viaggio di ritorno da Marte
verso la Terra, un viaggio che era stato a lungo
pianificato. Per il suo equipaggio a quattro era il primo
viaggio, per Ben già il quinto.

Non appena sono entrati nell'orbita della Terra, è
apparsa una luce tremolante per un paio di secondi, i
segnali di allarme suonavano ovunque. E poi egli ha
perso conoscenza.

Quando si è svegliato, tutto l'equipaggio era morto e
l'astronave era in emergenza elettricità, ma la cosa più
strana era che essa era già atterrata e tutti gli strumenti
erano fuori uso.

Era impossibile comprendere quanto tempo fosse passato
dall'incidente. Il clima, le coordinate, i dati della
navicella potevano non essere corretti. E ancora più
importante era il fatto che non vi era alcun contatto con
la base. Tutto sembrava semplicemente morto.

Ben guardò fuori dalla finestra per qualche secondo.
Dov'era il Mar dei Caraibi? Avrebbe dovuto essere a
Cuba, ma sotto l'astronave tutto era giallo e marrone.
Ben uscì dalla navicella e vide un deserto bianco che si

perdeva nell'orizzonte. Faceva molto caldo e l'atmosfera aveva soltanto il 60% di ossigeno.

Ad un tratto, non riuscì a credere a cosa stesse vedendo. Lentamente ma senza alcun dubbio, si avvicinò a lui un gruppo di umani. Lo circondarono senza dire nulla. Ben non aveva paura, perché essi non sembravano aggressivi, solo del tutto diversi.

Queste persone erano basse, vi erano delle donne ed una coppia di uomini e sembravano… abbrustoliti? Erano gli Aborigeni Australiani? Una somiglianza c'era, ma essi erano molto magri, quasi come degli scheletri, e piccoli come dei bambini. Diedero a Ben dell'acqua e gli fecero segno di seguire il gruppo. Dopo una lunga camminata, arrivarono ad una valle piena di pietre, coperta da piccole cavità che rappresentavano le entrate a delle caverne oscure giganti. Da qualche parte lì sotto proveniva il
suono dell'acqua.

Quella fu la prima impressione di Ben. Da quanto tempo viveva lì ormai? Ben stimava di aver vissuto con queste creature per circa tre anni. All'inizio, il linguaggio rappresentava la parte più difficile. Adesso essi erano come la sua famiglia. Sua moglie era più bassa di lui di quasi quattro teste, ma il loro rapporto funzionava. Gli sorrideva sempre. La vita non era più importante. Ben si sentiva bene, sua moglie aveva gli occhi di un gatto nero e ogni giorno sorrideva di più, era rimasta incinta.

Advanced Quick Reading Short Stories Within 1 Minute

81. **Acquisti A Basso Costo In Giappone**
Cheap Shopping in Japan

Mi chiamo Rachel e oggi andrò a fare la spesa in un supermercato giapponese. Essendo una studentessa in Giappone, non possiedo molti soldi, quindi devo risparmiare sulla spesa. In più, mantengo mia madre che vive nel mio paese d'origine. Mangio soprattutto pesce e verdure. È la mia cosiddetta dieta del sushi. Per fortuna, questi prodotti sono relativamente economici da comprare in Giappone. Di mattina i supermercati non sono quasi mai troppo affollati. Oggi devo comprare il riso, le verdure, il tonno e la pasta. Se trovo qualcosa di meno caro, ne compro in quantità maggiori. Non acquisto molto, che penso significhi qualcosa di più per i giapponesi.

82. **Un Matrimonio Insolito**
An Unusual Marriage

Il signor Russo è un commercialista ma lavora in una
grande compagnia di assicurazioni. Gode di un'ottima
reputazione grazie al suo essere affidabile e dotato di una
grande etica professionale. In breve tempo, è diventato
anche dirigente. Nonostante ciò, nelle ultime settimane,
il signor Russo è stato spesso male. Sembra anche che
non sia molto concentrato, i suoi colleghi affermano di
vederlo sempre distratto da qualcosa. La verità è che il
Signor Russo nasconde un segreto. Da un pò di tempo ha
una nuova fidanzata; ma il vero segreto è che l'ha
incontrata per strada. La prima volta che si sono visti, lui
l'ha pagata per trascorrere del tempo insieme. Un giorno
dice ai suoi colleghi che stava progettando di sposare la
sua fidanzata. Uno di essi è sempre stato molto
sospettoso al riguardo e anche invidioso. Dopo alcune
ricerche su internet, egli scopre che la fidanzata del
Signor Russo ha un passato discutibile. Riferisce quindi
le sue scoperte ai direttori. Essi hanno messo il signor
Russo di fronte ad una scelta. Potrà tenere il suo lavoro a
condizione che non sposi quella donna, o sarà obbligato
a lasciare l'azienda. Il signor Russo è disperato.
Dovrebbe sposare la sua fidanzata o mantenere il lavoro?
Alla fine il signor Russo dice ai suoi superiori. "Mi
sposerò. Ma non sposerò quella donna, sposerò il mio
ufficio se mi darete un contratto a tempo indeterminato."

83. Un Libro Famoso
A Famous Book

Per circa un mese ho letto un libro molto accattivante scritto da un autore famoso. Si tratta di un romanzo che racconta la storia di un vecchio che va a pescare nell'oceano. Egli deve sconfiggere un pesce grande e molto potente; e alla fine riesce a vincere questa sfida. Al di là della trama, il libro contiene un significato più profondo. L'autore è Ernest Hemingway, che scrisse il romanzo Il Vecchio E Il Mare nel 1951 a Cuba. Questo suo lavoro è considerato uno dei migliori romanzi della letteratura mondiale. Ha ricevuto il Premio Nobel per la letteratura. Sono davvero affascinato da questo libro e mi piacerebbe leggere altre opere di questo autore. Penso anche che un buon libro sia decisamente migliore di un film.

84. **Aspettative**
Expectations

Dopo il lavoro vado spesso in un pub. Di solito ordino una birra grande e, se sono fortunato, guardo una partita di football. La maggior parte degli uomini che frequenta il pub sono clienti abituali, e alcuni di loro li conosco personalmente. È 'sempre affascinante per me scoprire le loro storie. C'è un cliente che credo venga qui ogni giorno da anni. Ama parlare di sè; di quanto sia un uomo di successo e di quanto sia ricco. Un giorno mi chiede un favore. Mi chiede di prestargli 50 sterline. Di solito non sono una persona che presta denaro molto facilmente. Ad ogni modo, egli mi ha detto che me li avrebbe restituiti il giorno dopo quindi gli ho dato i soldi. La sera seguente è arrivato al pub e mi ha restituito il denaro senza fare storie. Passa una settimana, e lo stesso cliente mi chiede nuovamente dei soldi. Glieli do per la seconda volta, aspettandomi di riaverli indietro il giorno dopo, come la volta scorsa. Stranamente la sera seguente l'uomo non si è presentato. Ho chiesto al barista e agli altri clienti se qualcuno lo avesse visto. Sono rimasto sbalordito quando ho scoperto che ieri l'uomo aveva chiesto denaro in prestito a molte persone, talvolta anche centinaia di sterline. Noi gliele abbiamo date perché la prima volta ci aveva ripagati. Ciò nonostante, non abbiamo mai più visto quell'uomo.

85. Sposo Il Mio Lavoro
I Married My Job

Il signor Rossi è un ragioniere e lavora per una grande azienda. Ha dei turni di lavoro regolari. Inizia la sua giornata alle otto di mattina e lascia l'ufficio alle cinque di pomeriggio. Ultimamente, il signor Rossi sembra non stare molto bene. I suoi colleghi dicono che appare poco concentrato. Quello che nessuno sa è che il signor Rossi nasconde un segreto. Un po' di tempo fa il signor Rossi ha conosciuto la sua nuova fidanzata ed il vero segreto è che l'ha incontrata per strada. In realtà, il signor Rossi l'ha pagata per trascorrere del tempo con lei.

Un giorno, il signor Rossi dice ad un suo collega che si sarebbe presto sposato.

Ma questo collega, che ha osservato molto il signor Rossi e pensa che egli sappia qualcosa, racconta al capo che il signor Rossi stava pianificando di sposare una donna dalla reputazione discutibile. Il suo superiore avverte il signor Rossi che non potrà più lavorare per l'azienda qualora decidesse di sposare questa donna. Il signor Rossi riflette con attenzione sulle sue alternative. Dovrebbe sposarsi o mantenere il lavoro? Alla fine, dice al suo capo, "Ho intenzione di sposarmi, ma non con quella donna, sposerò invece il mio lavoro."

86. Il Circo
The Circus

Oggi sono andato al circo con mia madre. Lo spettacolo iniziava alle sei, ma siamo arrivati in anticipo perché sapevamo che ci sarebbe stata una lunga fila alle casse per i biglietti. Mia madre ha chiesto perché i biglietti fossero così cari. Il venditore le ha spiegato che possiedono dei grandi animali come le tigri, ecc. e che essi hanno bisogno di mangiare enormi quantità di carne ogni giorno. Finalmente, inizia lo spettacolo. Per primo appare un clown, che scherza facendo dei gesti con le mani. Subito dopo viene montata una grande gabbia e arrivano gli animali. Vediamo un elefante che alza la gamba, una scimmia vestita con una divisa scolastica da bambina, e alla fine vediamo i felini che vengono portati nella gabbia. Una tigre deve saltare all'interno di un anello in fiamme e un leone deve saltare da uno sgabello all'altro. Chiedo a mia madre se gli animali fanno queste cose anche in natura. Mia madre rispose che non lo sapeva.

87. L'Irruzione
The Break-In

Ho dormito in modo agitato per tutta la notte. Dormo da solo e ad un tratto ho sentito un rumore. Salto giù dal letto. Indosso un paio di pantaloni ed ispeziono la casa. Sento dei passi. Vengono dal soggiorno. Quando entro nel soggiorno, è vuoto. Non c'è nessuno. Subito dopo noto che il balcone è aperto! Accendo le luci e mi guardo intorno.

La credenza è aperta e tutte le mie cose sono sul pavimento. Sono entrati i ladri! Mi sento male, ma mi accorgo in fretta che in realtà non manca nulla. Tutto è in disordine, ma i ladri non hanno preso niente. Cercavano denaro e gioielli! Credo che fossero dei tossicodipendenti, perchè hanno rubato soltanto i contanti. Non voglio chiamare la polizia; il giorno dopo, mi procurerò una pistola.

88. **Un Cellulare Rotto**
A Broken Cell Phone

Non sono riuscito a ricaricare il mio cellulare per giorni.
All'inizio, pensavo fosse colpa del caricabatterie. Ma
non può essere questa la vera ragione, perchè con un
altro telefono funziona. Per fortuna, conosco un negozio
dove possono sistemarlo. Devo lasciare il telefono lì per
un giorno in modo da poterlo esaminare. Il giorno dopo,
torno al negozio per ritirare il mio cellulare.

Ho una strana sensazione. Il negoziante mi mostra il
cellulare e lo apre.
Tutto sembra essere nero! L'uomo mi dice che il
cellulare è stato danneggiato da un corto circuito. La
riparazione sarabbe costata duecento euro. Mi spiega
anche che il telefono si è bagnato, ed è questa la causa
del danno. Oggi c'è un'offerta speciale per l'acquisto di
un nuovo cellulare. Il nuovo modello costa soltanto
trecento euro.
Non ho scelta e compro un telefono nuovo. Non userò
mai più il mio cellulare nella vasca da bagno.

89. Dialogo – **Il Mercato Agricolo Settimanale**
Dialogue - The Weekly Farmers Market

La mia famiglia ama comprare prodotti italiani freschi
dalle fattorie locali; ecco perchè tutti i sabati andiamo al
mercato agricolo. Mio marito fa lo chef per hobby e
compra le verdure solo al mercato.
La nostra bancarella preferita si trova alla fine del
mercato dove possiamo comprare anche delle erbe
aromatiche fresche.

„Buongiorno Stella e Mario, è un piacere rivedervi.“
„Buongiorno Antonio. Qual è il prodotto più fresco che
hai oggi?“
„Mario, sai bene che tutti i miei prodotti sono freschi,
tutto è appena arrivato direttamente dalla fattoria
biologica“.
„Quindi, tutti questi tavoli e banchetti, trasporti prima
questi?“
„Esatto. Io sono qui all'entrata del mercato, ecco perchè i
miei tavoli arrivano prima.“
„Va bene Antonio, vorremmo un chilo di pomodori e un
chilo e mezzo di patate. E anche un mazzo di carote, per
favore.“
„Qualcos'altro?“
„Vendi anche i fichi?“
„No, non crescono in questa zona.“
„Okay, quanto ti devo?“
„Sono sei euro totali.“

90. Dialogo – Le Piste Ciclabili In Una Città Europea
Dialogue - Cycle Paths In A European City

La settimana scorsa ho guidato una bicicletta fino all'università. C'erano due piste ciclabili sulla strada. Sul lato opposto c'era una ragazza. Sembrava molto bella. Pedalava parallelamente a me nell'altra direzione.

Ad un tratto si è fermata e mi ha urlato: "Stai guidando nella corsia sbagliata!"
Ci siamo fermati entrambi. Lei si è avvicinata. "Non conosci il codice stradale?" mi ha chiesto.

Ho detto, "Volevo solo risparmiare tempo."
Mi ha risposto, "Non risparmi tempo se fai del male a qualcuno. Un incidente potrebbe danneggiare la tua bicicletta. Potresti addirittura finire in ospedale! Devi fare le cose con calma. Gli incidenti accadono ogni giorno perché le persone non hanno mai tempo! Vuoi essere ferito anche tu?"
Le chiedo poi, "Sei sposata?"

91. **Verso L'Aeroporto**
To The Airport

Oggi inizia la mia vacanza e prenderò un aereo per andare a trovare la mia famiglia. Alle undici un taxi verrà a prendermi per portarmi all'aeroporto. Il viaggio in taxi dura circa un'ora e mi costerà circa sessanta dollari. Dopodiché, avrò ancora un po' di tempo prima che il mio aereo decolli. Ho già preparato la valigia. Fare i bagagli non è un gioco da ragazzi, tutto dev'essere organizzato e considerato. Se dimentico qualcosa, probabilmente la dovrò comprare a mie spese una volta a destinazione. Manca già un minuto alle undici e sto diventando impaziente. Finalmente arriva il taxi. L'autista mi aiuta a trasportare la valigia dalla casa alla macchina. Mi siedo nel sedile posteriore e osservo il tassametro addebitarmi un dollaro ogni cento metri o giù di lì. Qualche volta offrono delle tariffe fisse ma non questa compagnia; penso che sia diverso in ogni città e in ogni Stato. Comunque, quando arriviamo do la mancia al tassista visto che non ha fatto nessuna deviazione inutile durante il viaggio.

92. **Guidare E Parcheggiare In Germania**
Driving And Parking in Germany

Mi sono appena trasferito in Germania. È chiaramente un paese per macchine; l'autostrada è chiamata Autobahn e ci sono delle strade eccellenti per viaggi in macchina ad alta velocità. La maggior parte dei tedeschi ha un garage e alcune famiglie possiedono anche diverse macchine. Ma non tutto è perfetto qui; molti tedeschi sanno che nel centro delle città non ci sono parcheggi gratuiti. Se cerchi uno spazio gratuito dove sia anche permesso parcheggiare, probabilmente dovrai guidare per ore prima di trovarne uno. I parcheggi nei garage possono essere davvero molto cari, soprattutto se te ne serve uno per un giorno intero o anche a lunga durata. Le persone che vivono in città spesso richiedono una tessera di parcheggio per residenti. In questo paese ogni residente dev'essere registrato alle autorità, il che può essere una buona cosa ma anche qualcosa di molto negativo. Coloro che non possono ricevere un contrassegno per residenti ma hanno bisogno di parcheggiare la loro macchina in centro devono lasciarla nella periferia della città ed usare i mezzi pubblici.

93. **Un Uomo Famoso**
A Famous Man

Cristoforo Colombo, nato a Genova, è ovviamente il più famoso per la sua "scoperta" del Nord America. Gli italiani sono molto orgogliosi di lui, è stato senza dubbio uno dei più grandi navigatori di sempre. Tuttavia, alcuni scienziati e storici affermano che era un nobile portoghese che adottò il nome quando si trasferì in Spagna. Dicono che la prima vita di Colombo non sia mai stata pienamente compresa, e sostengono anche che il suo nome e la sua vita potrebbero essere stati effettivamente una copertura. Tuttavia, le spedizioni di Colombo hanno messo in moto il diffuso trasferimento di persone, piante, animali e culture che ha colpito notevolmente quasi tutte le società del pianeta. Ha notevolmente ampliato l'influenza europea nel nuovo mondo.

94. **Evacuazione**
Evacuation

Siamo pensionati e viviamo in una casa di riposo. Lo scorso autunno c'è stata una forte tempesta. Ma era solo l'inizio. Dopo aver piovuto a dirotto per giorni, l'intera città si è allagata. Alla fine, abbiamo avuto un blackout. Il riscaldamento, l'elettricità, addirittura il telefono erano fuori uso. All'inizio l'abbiamo presa bene; ma durante la notte ha iniziato a far veramente freddo con le temperature che scendevano pericolosamente sotto lo zero. Sono passati tre giorni prima che arrivassero gli autobus; avrebbero dovuto permettere la nostra evacuazione dall'edificio. Con nostra sorpresa gli autobus non erano venuti a prendere noi, si sono fermati invece alla porta dopo la nostra dove c'era un resort di lusso. Ci è stato detto che loro venivano prima, perché potevano permettersi di noleggiare gli autobus pagando un sacco di soldi. Non potevamo di certo competere con quei prezzi. Quando sono andati via, gli ospiti ci hanno fatto l'occhiolino dal finestrino. Siamo rimasti nella casa di riposo e per fortuna, dopo alcuni giorni, i vicini e dei privati ci hanno aiutati ad uscire, uno per volta.

95. **Sotto Il Lampione**
Under The Lamppost

Martin studia a Milano e ha trovato un lavoro serale in un ristorante. Anche se studia e lavora molto; non si sente ancora a suo agio. Una delle ragioni principali è che non ha molti contatti sociali. È più un sognatore e deve ancora capire come trascorrere il tempo libero di cui dispone. Ogni sera quando torna a casa da lavoro, deve attraversare un parco. Si tratta di un parco molto grande e solitamente vuoto, ad eccezione di alcuni corridori, non è frequentato da molte persone. È un giardino molto bello con dei lampioni tipicamente italiani e molti cespugli. Una sera Martin nota una donna in piedi da sola sotto un lampione. Sembra aspettare qualcuno. Martin pensa che la donna sia molto attraente. La sera seguente, la stessa donna aspetta un'altra volta sotto il lampione. Quella notte, quando Martin si mette a letto, pensa ancora a lei. Una donna molto attraente con un trucco leggero e dei tacchi alti. La situazione si ripete più e più volte nelle settimane successive. Nonostante ciò, Martin è troppo timido per parlarle, anche se qualche volta ha desiderato avere più coraggio per farlo. Un venerdì sera Martin si avvicina alla donna. Oggi è determinato a parlare con lei. La donna lo accoglie con un grande sorriso. Dice, „Vieni con me?"

96. **Preparativi**
Preparations

Mi chiamo Nico e venerdì prossimo festeggerò il mio compleanno in un nuovo appartamento. Compirò 30 anni. Nelle prime ore del mattino, la mia famiglia verrà a trovarmi. Arriveranno i miei genitori, insieme ai miei fratelli e i nonni. La sera incontrerò tutti i miei amici, che sono stati invitati alla festa. In realtà, li ho invitati a restare anche a cena. Mia madre mi darà una mano visto che sono un cuoco abbastanza pessimo. Preparerà un po' di pollo o carne e, soprattutto, mi ha promesso di portare una grande torta. Essa dev'essere decorata con trenta candeline! Penso che sarà una torta personalizzata, proveniente da una pasticceria che realizza anche delle torte artistiche. Ho sentito che non accettano chiunque, il che mi fa sorridere. Comunque, sarà una parte davvero molto importante del compleanno per me.

97. **Il Club Delle Recensioni**
The Review Club

Diana è originaria di Londra, ma vive in Italia da quasi un anno, vicino Rimini. Ha comprato un appartamento e affitta una delle camere ai turisti, in modo da avere un'entrata extra. Guadagna anche attraverso la sua attività online di successo. Ha infatti pubblicato molti libri di auto-aiuto. Molti di essi sono dei libri di diete.

Diana si sente molto a suo agio in Italia; l'unica cosa che la manca sono i contatti sociali. Da straniera in Italia, non è sempre facile trovare dei nuovi amici. Gli stranieri che vivono in Italia provengono da ogni angolo del mondo, anche se la maggior parte di essi parla inglese.

Diana ha un'idea. Perché non organizzare un incontro? Un incontro settimanale tra persone con gli stessi interessi. Diana decide di mettere un annuncio su un sito di incontri. "Incontro tra artisti ed autori di libri per aiuto reciproco e recensioni."

La domenica seguente, un gruppo di stranieri si incontra in un bar. Molti sono scrittori e parlano molto apertamente dei loro libri. Alcuni autori hanno già pubblicato i loro lavori, altri stanno pianificando di farlo nel prossimo futuro. Il gruppo si mostra d'accordo nell'aiutarsi reciprocamente.

L'idea è di inviare una mail a tutti i membri del gruppo ogni volta che un libro scritto da uno di essi viene pubblicato. Dopo che essi avranno comprato il libro, verrà pubblicata una recensione positiva. Tutti sono concordi nell'affermare che un sistema come quello sarebbe sicuramente di successo per ogni membro.

Un giorno, Diana riceve una mail da un nuovo membro che ha appena pubblicato il suo nuovo libro. Leggendo il titolo del libro, Diana resta molto sorpresa: "L'imbroglio delle recensioni false."

98. **Le Madri Vengono Primo**
Mothers come first

Per la maggior parte degli italiani è probabilmente solo un cliché, ma molto spesso le madri hanno una posizione di vertice nella società italiana. Anche se ogni italiano non sarà sicuramente d'accordo con questo, le madri vengono prima delle amiche, del calcio, della pizza o della pasta. I confronti sono guerre perse e non vale nemmeno la pena provare a competere con una mamma italiana. Ai loro occhi, la mamma è al primo posto. Se sei un uomo italiano, non importa se sei adolescente e vai in giro con gli amici dopo la scuola, o se hai più di 40 anni e socializzi con i colleghi, una mamma italiana si rivolgerà sempre al suo ragazzo come *Il mio bambino*.

99. Capodanno In Europa
New Years Eve in Europe

In Italia il Capodanno è sempre la notte del 31 dicembre.
La maggior parte delle persone festeggia Capodanno con
gli amici e la famiglia. A mezzanotte ci sono sempre i
fuochi d'artificio. Molte famiglie preparano anche un
menu speciale. I pasti tipici di Capodanno sono i frutti di
mare, la pasta o la pizza. Spesso, Capodanno è
un'occasione per alcune persone per bere molti alcolici. I
giovani vanno anche alle feste, e alcuni addirittura vanno
a ballare! Il primo gennaio è un giorno di vacanza in
tutto il continente, quasi tutte le attività sono chiuse. Il
due gennaio, invece, è un giorno lavorativo normale in
Europa. Ma i grandi centri commerciali stanno
chiudendo presto e non è una tradizione andare presto ai
ristoranti. Le feste di capodanno di solito iniziano molto
tardi, al più presto intorno a 11 di notte, prima che tutto
sembra essere vuoto.

100. **Una Riparazione Costosa**
An Expensive Repair

Non sono riuscito a ricaricare il mio cellulare per giorni.
All'inizio, pensavo fosse colpa del caricabatterie. Ma
non può essere questa la vera ragione, perchè con un
altro telefono funziona. Per fortuna, conosco un negozio
dove possono sistemarlo. Devo lasciare il telefono lì per
un giorno in modo da poterlo esaminare. Il giorno dopo,
torno al negozio per ritirare il mio cellulare.

Ho una strana sensazione. Il negoziante mi mostra il
cellulare e lo apre.
Tutto sembra essere nero! L'uomo mi dice che il
cellulare è stato danneggiato da un corto circuito. La
riparazione sarabbe costata duecento euro. Mi spiega
anche che il telefono si è bagnato, ed è questa la causa
del danno. Oggi c'è un'offerta speciale per l'acquisto di
un nuovo cellulare. Il nuovo modello costa soltanto
trecento euro.
Non ho scelta e compro un telefono nuovo. Non userò
mai più il mio cellulare nella vasca da bagno.

***

Thank you for your time reading this book. We hope you have enjoyed reading the short stories, but most importantly, we hope that your Italian has improved as a result.

Why not sharing this information with anyone you care about?

We'd like to ask you for a favor, would you be kind enough to leave a review for this book? It helps other people to find this book, and you would do something positive to spread the language. Anyway, it'd be greatly appreciated!

Academy Der Sprachclub

www.sprachclub.net